The Patriarch

Hrachya kochar

ՆԱՀԱՊԵՏԸ

ՀՐԱՉՅԱ ՔՈՉԱՐ

The Patriarch

Copyright © 2014, Indo-European Publishing

Contact:
IndoEuropeanPublishing@gmail.com

ISNB: 978-1-60444-818-4

Նահապետը

Հրատարակված է Ամերիկայի Միացյալ Նահանգներում:

Կապ՝

IndoEuropeanPublishing@gmail.com

ISNB: 978-1-60444-818-4

ԾՆՈՒՆԴ

Քայլում էինք թավ, տամուկ, դարավոր անտառի միջով:

Բաց դաշտերում շողում էր արևը, իսկ խիտ անտառով ծածկված այդ ձորակում, փարթամ սաղարթների արանքներից, հազիվ լույսի կաթիլներ էին ծորում խոնավ գետնին:

Դուրս եկանք բացատ ու ազատ շունչ քաշեցինք: Այստեղ լուսավոր էր, և օդն այնպես հեղձուցիչ չէր, ինչպես լինում է ճահիճների ափերին:

– Պառկենք ծաղիկների մեջ, շնչենք մի քիչ այս դրախտային բույրերը,– ասաց ընկերս և պիտի մեկնվեր գետնին երբ ես արագ բռնեցի նրան:

– Ափսոս են ծաղիկները, մի՛ տրորիր: Երեկվա փոթորիկից հետո նոր են ուշքի գալիս, նայիր, ինչպես նոր-նոր սկսել են շտկել թուլացած գլխիկները... Իսկ ինչքա՜ն մեռածներ կան...

Երեկ ամեհի փոթորիկ էր այս բարձրաբերձ ու անդնդախոր աշխարհի վրա: Մոլեգնել էր երկինքը, գոռում էին ամպերն ահեղաձայն, ճայթում էր կայծակը տիեզերական ուժով, դղրդում էին լեռ ու ձոր.

– Նստենք կոճղերի վրա...

– Լավ,– համաձայնեց ընկերս ու քայլեց ծառերի կողմը հարմար տեղ գտնելու: Ես կանգնած մնացի բացատի եզրին ու տխուր նայում էի, թե ինչպես փոթորիկը տրորել է նույնիսկ ամեն կողմից անտառով պաշտպանված այս բաց տարածության ծաղիկները, անխնա, անողորմ, անխիղճ կերպով տրորել, մեռցրել ու անցել գնացել է չգիտես թե ուր, ինչպես որ չգիտեիր, թե որտեղից եկավ:

– Արի՛, տես, թե ինչ է կատարվել այստեղ,– ձայն տվեց ընկերս:

Դանդաղ, մտախոհ քայլեցի նրա կողմը:

– Տես...

Նա կանգնել էր վիթխարի մի կաղնու այրված, ածխացած բնի մոտ:

– Գուցե այս անտառի ամենամեծ կաղնին է եղել նա: Պատկերացնո՞ւմ ես, թե ինչ հսկա ճյուղեր է ունեցել, ինչ վիթխարի սաղարթ, որ այրվել, մոխրացել ու ցնդել է, չկա: Այրված ճյուղերի ու սաղարթների մոխիրն է նստել մայր բնի շուրջը: Ուրեմն ավելի ուժգին տարերքներ են մոլեգնել այս անտառի վրա, քան երեկվա փոթորիկը:

– Բայց կյանքն ավելի ուժեղ է բոլոր արհավիրքներից,– հուզմունքով ասացի ես և զգացի, որ վերամբարձություն կար խոսքիս մեջ, որը համահունչ չէր այդ խաղաղ, երանավետ պահերին բնության՝ ծառ ու ծաղկի մեջ, կապույտ, մաքուր երկնքի տակ:

– Ճիշտ է, ճշմարիտ է, – համաձայնեց ընկերս, քնքշությամբ շոյելով կաղնու ածխացած բնի տակից աճած դալար ընձյուղները:

– Իսկապես սպանվե՜լ է: Ու նորից ծնվում է: Ու պիտի ապրի...

Երկուսս էլ լռեցինք՝ հուզվելով ինքներս մեր մտորումներից: Ինձ այնպես էր թվում, թե շատ անգամ եմ տեսել այս մեծ կաղնու ածխացած բունը և նրա տակից հասակ նետող դալար ճյուղքերը, որ ծանոթ ու հարազատ է նա ինձ, որ լսել եմ նրա մեծ սաղարթի շառաչը, երբ նա ողջ էր ու կանգուն, զգացել եմ նրա անկման ահավորությունը և պիտի տեսնեմ նրա վերածնությունը: Ու աչքերս կկոցած տեսնում էի, թե ինչպես մեծանում, մեծանում են այդ դալար ընձյուղները, բարձրանում են դեպի արևը, ճյուղավորվում, տերևակալում են ու գոյանում է կլոր, մեծ սաղարթ, որի տակ կարող է այրող արևից, անձրևներից ու կարկուտներից պաշտպանվել մի ամբողջ տոհմ:

– Մարդն էլ հաճախ նման է լինում այս ծառին,– շշնջացի ես և, դեռ խոսքս չավարտած, հիշեցի այդպիսի մի մարդու, որի կյանքն ու բախտը հար ու նման էին այդ ածխացած, կայծակնահար կաղնուն...

Ա

...Նա Արագածի լանջին ընկած այն գյուղը եկավ հազար իննհարյուր քսանմեկ թվականին, մենակ՝ իր ողջ ունեցած-չունեցածը շալակին և ձեռքին՝ գորշ, կեղևը չհանած մի ձեռնափայտ: Մոտ հիսուն տարեկան էր, բարձրահասակ, չոր, նիհարությունից ավելի խոշորացած սև աչքերով, որոնց խորքերը մութ անդունդներ էին: Եկավ ու ներս գնաց գյուղի եզրին մենակ կանգնած ու լքված հոլիկը, որ չգիտես ինչի էր ծառայել մինչև այդ օրը. ոչ թոնրատուն էր, ոչ գոմ, ոչ էլ հնձան:

Այդ օրվանից հոլիկն ու նրա բնակիչը հանելուկ դարձան գյուղի համար: Հազար ու մի իրար անհամաձայն բաներ էին պատմում եկվորի մասին, որը գյուղամեջ չէր գալիս, չէր խառնվում պատերի տակ նստոտող, արևկող անող իր տարեկիցներին, դաշտ էլ չէր գնում աշխատելու, հողաբաժանության օրերին էլ գյուղի իշխանության մոտ չեկավ հող խնդրելու իր համար: Առանց նրա դիմումի ու խնդիրքի, նրա հոլիկի դիմացի տարածությունը, գյուղական խորհրդի որոշումով, տրվեց նրան:

– Խեղճ, մենակ մարդ է, թող մոտիկ էղնի իր հող:

Չար սրտով մեկը չար խոսք ասաց.

– էդքան հողն ի՞նչ պիտի էնե: Երկու ու կես արշին հող է պետք իրան:

Ծերունիները սաստեցին չարախոսին:

– Բերանդ խերով բաց էրե, անշնո՛րհք...

Աշունն անցավ, եկավ ձմեռը, ձմեռն էլ անցնում էր արդեն առանց խստությունների, ու դեռ գյուղի այդ վերջին բնակիչը դուրս չէր գալիս մարդամեջ, գյուղի խոսք ու զրույցներով, վեճերով ու աղմուկներով չէր հետաքրքրվում: Լուռ անց նում էր մարդկանց կողքով, իր բարձրահասակ, չոր կերպարանքը թաքցնել չկարողանալով, խոնարհ բարևում էր հանդիպողներին ու անհետանում: Ո՞ւր էր գնում, ոչ մեկն ասել չէր կարողանում: Երկու-երեք շաբաթ հետո մարդիկ տեսնում էին դարձյալ, որ հոլիկի հերդիկից ծուխ է դուրս գալիս, բարակ, կապույտ ծուխ, որ նշան էր, թե նա վերադարձել է:

– Նահապետի թունդիր վառվեց, բազերգյանբաշին տուն է դարձեր,– ասում էին ջահելները:

Բայց հայտնի էր, որ այդ հոլիկի ներսում թոնիր չէր եղել, ուրեմն ի՞նչ ծուխ էր:

– Թութունի ծուխն է,– ասում էին,– օրական մի տոպրակ թութուն կծխե...

Այս կատակներից եկվորի անվան վրա ավելացավ «թունդիր» ածականը: Գյուղացիները դրանից հետո նրան Թունդիր Նահապետ էին ասում, իհարկե, իր բացակայությամբ, այսինքն՝ միշտ, որովհետև միշտ էլ բացակա էր: Մականունն ավելի հաստատվեց ու ամրացավ նրա վրա, երբ գարնանը բոլորն իմացան, որ նա կավե թունդիր է շինել ու թաղել իր փոքրիկ հոլիկի կենտրոնում, և տեսան միաժամանակ, որ նրա տան առջևի տարածության վրա թութուն էր բուսել, որ չէին իմացել, թե երբ էր ցանել նա: Թոնիր ուներ արդեն, սեփական ձեռքով ցանված թութուն պիտի ունենար և ուներ թութունի մի մեծ տոպրակ, որ տեսնողներ էին եղել, ուրեմն՝ իսկապես Թունդիր Նահապետ պիտի կոչվեր հուր հավիտյան:

Սկսեց երբեմն նաև գյուղամեջ գալ-գնալ, իհարկե, շատ խիստ կարիքի դեպքում, հարևաններից մեկ-մեկ գործիքներ ուզել: Բայց դարձյալ մնում էր անխոս, մարդկանցից հեռու: Զարմանալի էր, որ ուրիշներն էլ նրան չէին մոտենում, կարծես վախենում էին հետը խոսքի բռնվել: Ասում, խոսում, կատակներ էին անում նրա վրա, բայց տեսնում էին նրան թե չէ, թեկուզ հեռվից, լռում, պապանձվում էին:

Բավական ժամանակ էր արդեն, որ նա այդ գյուղն էր եկել և ոչ մի բան դեռ չգիտեին նրա մասին: Լսել էին միայն, որ նա Վանա ծովի ափերից է՝ արտամետցի, կորցրել է գերդաստանը և, ինչպես այդ գյուղի բոլոր մյուս գաղթականները, թափառել է, թափառել ու պատահաբար, թե որևէ մեկի խորհրդով, եկել հաստատվել է Արագածի լանջի այս գյուղում: Կամ գուցե պիտի անցներ գնար, երբ գյուղեզրի այդ հոլիկին հանդիպեց: Որոշեց գիշերել այդտեղ, այդպես էլ մնաց, դարձավ բնակիչ:

Ամառը որ եկավ, բոլորը զարմացան Թունդիր Նահապետի տան առջևի հողակտորով: Ինչ բանջարեղեն ասես, որ չկար՝ պոմիդորներ, պղպեղներ, կաղամբ, բազուկ, գազար: Իսկ թութունի մուգ կանաչ տերևներն արդեն դեղնավուն էին դառնում: Ե՞րբ էր փորում, երբ էր փոցխում ու ցանում, ոչ ոք չէր տեսնում: Կարծես ուրիշների ներկայությամբ ամաչում էր բահը ձեռքն առնել, որ անցնող դարձողի «բարի աջողումը» չլսի, կանգ չառնի՝ նրանց հարցմունքներին պատասխանելու: Նրան տեսնում էին միայն իր հողամասի գլխով անցնող առվի ափին նստած ծխելիս: Առավոտ կանուխ, ուշ երեկոյան, հաճախ կեսօրից հետո, օրվա բոլոր ժամերին նստած այդտեղ ծխում էր: Վեր էր կենում, լուռ իր հոլիկն էր գնում, երբ մարդիկ էին գալիս իր կողմը: Իսկապես որ օրական մի տոպրակ թութուն էր ծխում այդ մարդը:

Ուշ աշնանը մի օր մի բարձած եզ ու երկու մաքի առաջն առած, կարճլիկ, գնդլիկ մի մարդ մտավ այդ գյուղը:

– Նահապետի տուն էստեղ ո՞րն ի,– հարցրեց նա գյուղամիջում խմբված մարդկանց: Ցույց տվին: Բարձած եզն ու մաքիները քշեց գնաց դեպի գյուղեզրի հոլիկը: Մյուս օրն էլ այդ մարդուց իմացան, թե ով է Նահապետը:

– Մակուլ մարդ էր Նահապետ․ բարի՛, մարդասե՛ր, ազնվական: Մկա ի՞նչ ի մնացեր Նահապետին, որ ինչ տիսնաք,– պատմում էր ասել-խոսել սիրող այդ կարճլիկ մարդը մի օր հետո,– Նահապե՛տ: Նահապետ՝ Նահապե՛տ էր, մեծ հարուստ գերդաստանի մեծ հայր, մեծատուն, մեծապատիվ: Հիմիկ մնացեր ի մեն-մենակ, ինքն՝ իր չոր գլուխ: Կրակ տաս՝ ոտից մինչ ի մազեր կվառվի, բայց մշահոտ չի գա... Առաջին օրեր, որ կռիվ՝ պատերազմ, խառնակություն ընկավ երկիր, կայմակամ Նահապետին կանչեց իր մոտ: Նահապետ, ասաց, ես քու տուն շատ եմ հաց կերեր, աշխարի խառն ի, ասաց, վտանգավոր ի, ես կուզեմ քեզ մի լավութեն անեմ, որ քո լավութենի տակից դուրս գամ... Նահապե՛տ, ասաց, արի մեր կրոնք ընդունի, մուսուլման դարձի, որ քո տուն ու գերդաստան կայծակ չզարկի, չվառի, չավիրի... Նահապետ հասկացավ կայմակամի միտք: Մտածեց ու պատասխան իտուր, ասաց,– էստեղ, որ քեզի այդ ասեմ, տեր կայմակամ, էն աշխարի որ երթամ՝ ի՞նչ պատասխան պիտի տամ: Ես հայ քրիստոնյա եմ, ասաց, հայ էլ պիտի մեռնեմ, իմ կրոնք, իմ ազգ ու իմ պատմություն չեմ ուրանա: Վայ թե փոշմանես, Նահապետ, ասաց կայմակամ: Չեմ փոշմանի, ասաց Նահապետ: Ու եղավ էն, ինչ որ պիտի էլներ, Նահապետ մնաց մենակ ու իր չոր գլուխ, մեծ գերդաստան մորթին, բոթին, փչացուցին...

Կարճլիկ մարդը, որ, ինչպես ինքն ասաց, Նահապետի քրոջ ամուսինն էր, շատ բաներ պատմեց նրա մասին: Հինգ տղային գնդակահար են արել իր աչքի առաջ, երկու աղջկան փախցրել են:

– Ի՞նչ տղաներ, ամեն մեկ մի առյուծի կորյուն, աղջիկներ՝ մեկ-մեկ մարալ...

...Կինը ցանկացել է պաշտպանել իր փոքր դստերը, դաշույնի հարվածով սպանել են: Նահապետը՝ թևերը մեջքին, ու ամբողջ մարմնով՝ պատշգամբի սյունին կապած, տեսել է իր հինգ տղաների ու իր կնոջ մահը, իր աղջիկների անպատվությունը: Երբ ամեն ինչ վերջացել է, արձակել են սյունից ու բաց թողել,– գնա, ասել են,– հրամանք կա քո կյանք խնայվի, գնա ուր ուզում ես...

Ու թափառել է Նահապետ սարեր ու դաշտեր, խոտ ու բանջար է կերել, գիշերել է ձորերում, ժայռերի տակ:

– Քար էլներ, չէր դիմանա, կպատռեր, գազան էլներ՝ կկատղեր, իր միս կուտեր, Նահապետ դիմացիր ի ու կապրի: Չապրի ի՞նչ անի, ի՞նչ հող տա իր գլուխ...

Կարճլիկ, աշխույժ օտարականը մի քանի օր մնաց Նահապետի մոտ՝ նրա հետ քնում էր փոքրիկ հոլիկում, նրա հետ նստում առվի ափին, ծխում էին և ապա ժամանակ էր գտնում գյուղամեջ գալու ու պատմություններ պատմելու արհավիրքի օրերից:

– Ափրո ախպեր, իսկ Նահապետ ինչո՞ւ իրեն էդքան հեռու կպահե մարդկանցից,– հարցնում էին գյուղացիները:

– Միրտ սպանվեր ի, սիրտ չունի: Ոտի վրա կքելի, կերթա, կիզա, բայց մեռեր ի, հոգով հեռացիր ի կյանքեն, աշխարի էնօր համար պաղ գերեզման ի... Մեղադրելու չի, կեծակ զարկեր, վառիր ի, տեղ մոխիր ի մնացեր... Կմտածեմ, թե ինչպե՞ս էլավ, որ ինքն իր գլուխ փորձանքի չտվեց, սաղ ի մնացեր ու իկեր փրկվիր ի: Է՜հ, Նահապե՜տ, Նահապետ...

Ամբողջ գյուղը շուտով ճանաչեց, սառղ-խոսող, մարդամոտ Ափրոյին: Վերադարձավ նա Էջմիածնի կողմերը, որտեղից եկել էր, եզան վրա բարձած ցորենն ու երկու մաքին թողնելով Նահապետին: Իր պատմելով, պատահաբար էր իմացել, որ Արագածի լանջի այդ գյուղում է ապրում Նահապետը: Եկել էր տեսության ու վերադառնում էր իր «նշանածին», իր կնոջը պատմելու եղբոր մասին:

– Մենակ իմ նշանածն ի փրկվեր իրանց մեծ ազգ ու տակեն, Նահապետի սերունդ կտրվեր ի աշխարհեն...

Ափրոյին գյուղացիները ճամփու դրին մտերիմի ու բարեկամի նման: Նա խնդրեց, որ պատվով վարվեն Նահապետի հետ, օգնական լինեն, եթե օգնության կարոտություն ունենա: Ծերունիները հավանություն էին տալիս կարմրայտ, գեր, սրտաբաց այդ մարդու ամեն խոսք ու խնդիրքին, երիտասարդները, հետաքրքրությամբ լսելով նրա պատմությունները, հարգանքով էին բարի ճանապարհ մաղթում:

Նրա գնալուց հետո Նահապետի կյանքն ու վարքը շատ քիչ բանով փոխվեց: Առավոտ վաղ արածելու էր տանում իր երկու մաքին մոտիկ առվի ափերը և դարձյալ ծխում ու ծխում էր:

Պատանի զառնարածների հետ էլ զրույցի չէր բռնվում: Ձմեռնամուտին մաքիները խառնեց հարևանների հոտին ու դարձյալ փակվեց հոլիկում: Գյուղացիները, «Թունդիր

Նահապետ» մականունի հետ միասին սկսեցին նրան նոր անուն կնքել: Հիմա նաև Ճգնավոր Նահապետ էին ասում, բայց ոչ թե ծաղրանքով, այլ կատարյալ լրջությամբ: Ո՞վ էր այդ մարդու համար խմոր անում, հաց թխում, կերակուր եփում: Ոչ ոք չգիտեր ու չէր տեսել: Ո՞վ էր շորերը կարում, կարկատում: Բարև, բարի լույս ասող էլ չէր լինում, որովհետև ոչ մեկի տունը չէր գնում նա, որ ուրիշներին իրավունք տար իր տան շեմից ոտքը ներս դնելու:

Ձմեռը տաք օդաներում գյուղացիները «ջղարան» էին ծխում ու հեքիաթներ, կամ հին-հին պատմություններ էին ասում: Մի քանի անգամ ուղարկեցին Նահապետի ետևից, որ գա իրենց մոտ, մենակ չմնա: Խոնարհ շնորհակալություն հայտնեց ու չեկավ:Իսկապես որ Ճգնավորի կյանք էր վարում:

Բայց ի՞նչ էր անում տանը: Հարևաններն ասում էին, թե իր հոլիկում էլ, ինչպես դրսում, նստում է լուռ ու ծխում անվերջ ու անդադար, ծխում ու մտածում է: Ի՞նչ է մտածում, ինչի՞ մասին է մտածում:

Մի անգամ հարևան ծերունի Մովսեսը նրա տունը գնաց ու մութն ընկնելուց հետո մինչև կես գիշեր նստեց նրա կողքին: Խոսեց, պատմություններ պատմեց, առակներ ու առածներ ասաց, դեպքեր հիշեց, գյուղի անցուդարձի մասին տեղեկացրեց, բայց դարձյալ ու կրկին Նահապետը լուռ մնաց, երբեմն միայն գլխի թեթև, հազիվ նշմարելի շարժումով հավանության կամ զարմանքի նշան ցույց տալով:

– Է , Նահապետ ախպեր, ինչքան էլ մտածիս, աշխարհք չփոխվի,– եզրակացրեց ծերունի Մովսեսը, որ Արագածի լանջի այս գյուղն էր ընկել Տարոնի աշխարհից,– աշԽարհք էսպես եկեր է, էսպես լե կերթա: Քու ցավ ու տանջանք լե քըզնե չառնի, քըզի կթողնե...

Նահապետը, հաստ ջղարայից մի մեծ կում ծուխ քաշելով՝ նայեց ծերունի Մովսեսի մանրիկ, իրենց տեղում խաղացող աչքերին ու նիհար ուսերի վրա դողդողացող փոքրիկ գլխին:

– Աշխարհք է, սուզ լէ կեղնի, հարսնիք լէ, մեր կամք չհարցուն... Քըզի մի ջարդէ, մի սպանէ, Նահապետ, հավուր դատաստանին պատասխան ունիս տալու: Մեղք մի էրէ հոգուդ, մեռել չի՛ս դու, կենդանի իս:

Նահապետը նայում էր ծերունուն՝ բիբերը լայնացած: Դուրս եկավ հոլիկից, ճամփու դրեց նրան, բարի գիշեր մաղթեց ու ետ եկավ: Հատակին փռեց խոնավության հոտ արձակող իր անկողինն ու պառկեց մեջքի վրա, վերմակը քաշելով չոր կրծքին:

Բ

Շատ օրերի պես այդ օրն էլ Նահապետի քունը փախավ: Նավթի ճրագը հանգցրել էր, երդիկը կալնել էր: Հոլիկում մութ էր: Կոպերն ամուր փակած՝ նա, հակառակ որ ճգնում էր ամեն ինչ մոռանալ ու քնել, էլի տեսնում էր իր տղաներին մեկիկ-մեկիկ՝ Հրայրին ու Ժիրայրին, Գևորգին, Անդրանիկին, Մուրադին: Ու աշխատում էր հիշել նրանց դեմքերի մանրամասնությունները, ամեն մեկի ձայնն ու քայլվածքը, բնավորությունն ու սովորությունները: Հրայրն ու Ժիրայրը երկվորյակներ էին, բայց իրար նման չէին: Մեկը իրեն էր նման՝ հորը, մյուսը՝ քեռուն: Սիրում էին իրար, միասին ուրախ էին լինում, միասին տխուր: Աճում էին հավասար: Նահապետի մեծ եղբայրը մեկի վրա իր ընկերոջ անունը դրեց՝ Ժիրայր, մյուսի վրա էլ փոքր եղբայրն իր ընկերոջ անունը կամեցավ՝ Հրայր: Մեծ եղբայրը Ժիրայրին էր սիրում, փոքր եղբայրը՝ Հրայրին, իսկ ինքը՝ երկուսին էլ հավասար: Ճշմարիտ որ ասվի, երկու եղբայրներն էլ սիրում էին տղաներին, մեկին մյուսից չէին ջոկում, բայց կատակում էին.

– Ժիրայրն իմն ի,– ասում էր Սերոբը:

– Հրայրն էլ իմն ի,– ասում էր Հայրոն:

Եղբայրները զենքերն առնում, ամիսներով անհետանում էին սարերում, գնում հասնում էին Մուշ, Սասուն, վերադառնալով տուն, ուրախանում էին տղաների մեծանալով:

– Ժիրայր ինչքա՞ն բոյ ի քաշեր,– ասում էր Սերոբը:

– Հրայր նմանապես,– ավելացնում էր Հայրոն,– Հրայր ավելի կտրիճ տղա կէլնի:

– Տխնանք,– ժպտում էր Սերոբը,– Ժիրայր պիտի ավելի խելոք էլնի, ազգի զավակ և ազգի պարծանք...

Հորեղբայրներն ամեն մեկն իր սանին ցույց էր տալիս իր հրացանը, բացատրում էր, թե ինչպես են նշան բռնում, ինչպես են կրակում, գուշակում էին իրենց սաների ապագան, ու դարձյալ գիշերները, համբուրելով քնած երեխաներին, գնում էին սարերը:

Ժիրայրից ու Հրայրից հետո աշխարհ եկան մի աղջիկ ու նրանից հետո էլ մի տղա: Աղջկա անունը դրին Սոսե, տղայի անունը՝ Գևորգ: Հրայրն ու Ժիրայրն արդեն հորիք էին քշում, խնձորենիներ էին տնկում ու փայփայում էին իրենց փոքրիկ քրոջն ու փոքրիկ եղբորը, փոքրիկներին պարտեզներն էին տանում, գրկած, ծովափ էին հասնում ու ամբողջ օրն այն տեղ մնալով, կերակրում էին համեղ ու հոտավետ խնձորներով...

Արտամետի խնձորնե՜րը: Ամբողջ ձմեռը, գարունը ու մինչև ամառվա նոր բերքը, աղջիկներն ու հարսները խնձորները պահում էին իրենց բոխչաների մեջ: Տներն ու հարսանքատները խնձորի հոտով էին լցվում: Նույնիսկ ձմռան ցուրտ օրերին թվում էր, թե նստած ես խնձորենիների այգում, թվում էր թե աշնան մրգահասի ժամանակ է: Բուրում էին խնձորները տարին բոլոր: Բերքը վերջանում, սպառվում էր, բույրը մնում էր...

Հոլիկում մութն էր, ու Նախապետի քունը չէր տանում... Քամին սուլում էր դրսում, խնձորների տակ կռացած ճյուղքերն օրորվում էին, հասած խնձորները թափված էին ցած: Առավոտները գետինը կարմրած էր լինում ծառերի տակ, իսկ ծովափի պարտեզներից քամին խնձորը ծովի մեջ էր թափում ու ալիքների վրա հեռվից հազարավոր կարմիր գնդակներ էին երևում, որ մեկ իջնում էին ծովի խորքը, կորչում հայացքից, մեկ բարձրանում էին բարձրացող ալիքների կատարներին: Ու այդպես գնում էին, դնում մինչև մյուս ափը, որ Բարկաթ, Առեն, Կոճերդեր ու Առեն գյուղերի երեխաներն ու արծկեցիները գան հավաքելու: Աղի ջրի մեջ չէին աղիանում համեղ խնձորները և նրանց բույրը ծովի մեջ շնչում էին նույնիսկ այն ափերին լողացող ջահելները...

Արծկե քաղաքի թիկունքին Սիփանն էր հպարտ կանգնած՝ ամառ, ձմեռ, աշուն, գարուն՝ գագաթը երկինք մխրճած, իր ամբողջ հասակով երևում էր Արտամետի պարտեզներից: Տասնութ տարեկան էր Նահապետը, որ գյամիով գնաց Արծկե՝ իր մորաքրոջ մոտ հյուր: Ծովափին էր Արծկեն ու Սիփանի փեշին: Գեղեցիկ տեղ էր: Խուրջիններով խնձոր էր տանում արտամետցին իր հետ, երբ հյուր էր գնում, ջոկում էր ամենախոշորները, ամենակարմիրներն ու հոտավետները: Նահապետն էլ ընտիր խնձորներ էր տարել մորաքրոջը, նրա տղաներին ու աղջիկներին: Հավ մորթեցին, ձվածեղ արին Նահապետի համար: Իրիկնամտին դռան առաջ նստած՝ երգի ձայն լսեցին հարևան տնից: Մի աղջիկ երգում էր, այնպե՜ս անուշ էր երգում, ձայնն այնքա՜ն դուրեկան էր.

Դլե յամա՜ն, գյամին եկավ Վանա ծովո՜վ...

– Մանուշակն ի,– ասաց մորաքրոջ աղջիկը:

– Միրուն, թելիկ-մելիկ աղջիկ ի, շենք շնորիքով,– ասաց մորաքույրը,– ուզենք մեր Նահապետին...

Վա՜յ, դլե յամա՜ն,
Մեր տուն ձեր տուն իրար մոտիկ,
Իմ յար քանց քու յա՜ր խորոտիկ,
Յամա՜ն, յամա՜ն...

Նահապետը խուրջինից հանեց լավերից լավ խնձորները, փաթաթեց մետաքսե թաշկինակի մեջ, որ մայրն էր կարել իր համար ու, տալով մորաքրոջ աղջկան, ասաց.

– Տար, զողտունկ տուր Մանուշակին...

Մի տարի հետո Արծկեից Մանուշակին հարս բերին Արտամետ:

... Հոլիկում մութ, խավար էր, դուրսը՝ սպիտակ ձյուն: Ձմեռ էր: Օդաներում նստած, գյուղացիները հեքիաթներ էին լսել մինչև ուշ գիշեր ու հիմա քնել էին խոր քնով, որ վաղ առավոտ արթնանան՝ իրենց եզներին, կովերին ու գոմեշներին կեր տալու, մաքրեն նրանց տակը, չոր փայտեն ցանեն, դաշաբեն եզներին, ձիթեն գոմեշներին: Շատերը զավակներ ունեն և նրանց պահելու համար ունեն լծկան ու կթան: Փառք է, որ բոլորին կայծակը չի խփել ու չի վառել Նահապետի գերդաստանի պես...

Քունը չէր մոտենում նրա տանջված աչքերին: Ինչպե՞ս նրանք չկուրացան, նրանց լույսը չսևացավ, որ տեսան Ժիրայրի ու Հրայրի մահը... նրանք առաջինը կրակեցին Ժիրայրի ու Հրայրի վրա:

Աչքերը տրորեց, շուռ եկավ աջ կողմի վրա, ջանաց տեսողությունից հեռացնել զարհուրելի պատկերը, հիշել ավելի վաղ ժամանակները, երբ փոքրիկ երեխաներ էին Ժիրայրն ու Հրայրը, մեկը գրկում էր Գևորգին, մյուսը՝ Սոսեին, տանում էին պարտեզը, նստեցնում ծառերի տակ, բարձրանում էին ամենավերջին ճյուղքերին՝ փոքրիկ եղբոր ու փոքրիկ քրոջ համար կարմրած խնձորներ քաղելու... Մի անգամ էլ ճիչ լսվեց: Ինքն ու Մանուշակը տանն էին, վազեցին պարտեզ: Հրայրը ծառից ցած էր ընկել, ճյուղքը պատռել էր նրա ձախ հոնքը, արյուն էր գալիս: Բայց լաց չէր լինում: Ժիրայրն էր ճչացել եղբոր համար... Վերքն անցավ, սպին մնաց: Երբ կրակոցից մեջքի վրա ընկավ տան առաջ, ճակատից արյուն էր հոսում պոռթված հոնքի վրայով...

Գևորգից ու Սոսեից հետո ծնվեց Անդրանիկը, հետո՝ Մուրադը և էլի մի աղջիկ, որի անունը Ջեյրան դրին:

Գեղեցիկ էին բոլոր երեխաներն էլ, իրենց խնձորենիների նման: Ամեն մեկի ծննդյան օրը, կամ հետո, մի-մի խնձորենի էին տնկել, պարտեզում: Ժիրայրի ու Հրայրի խնձորենիները հար նման էին իրար ու աճում էին հավասար ուժով, ծաղկում ու բուրում էին միաժամանակ: Ամեն մեկը փայփայում էր իր ծառը: Հետո ամենափարթամը Սոսեի խնձորենին դարձավ, ամենից զորեղ ճյուղերն արձակեց: Ջեյրանն ամեն գարուն լաց էր լի նում՝ իր խնձորենին նվազ տեսնելով, թեև Սոսեն էր նվազ, իսկ ինքը՝ բոյով էր ու չաղլիկ... Անդրանիկը շատ ջանասեր տղա էր, յոթը տունկ էր տնկել ու փաղաքշանքով շոյում էր ամեն մեկի բողբոջները, Գևորգը խելքով-մտքով հորեղբայրների հետ էր, երազումն էլ հրացան էր տեսնում, երազում կրակում ու արթնանում էր: Մուրադը շվի էր փչում, սիրում էր հովիվների հետ սար գնալ...

Կարծես դրսում երգում էր մեկը, կարծես Մանուշակի ձայնն էր.

Դլե յամա՜ն, զյամին հասավ մեր ծովու կես,
Դլե յամա՜ն, բալես մնաց թուրքի ձեռքին,
Յամա՜ն, յամա՜ն...

Ոչ մի ձայն չէր լսվում, ոչ ոք չէր երգում: Բայց Նահապետը հաճախ էր լսում այդ երգն ու այդ ձայնը:

– Ի՞նչ կապրեմ աշխարհիքի վրեն... ես էլ չեմ հասկընա,– մտածեց Նահապետը և այդ խոսքի վրա հիշեց ծերունի Մովսեսին: Մովսեսին, որ հիշեց, ուրիշ մտքեր ծնվեցին գլխում...

– Մարդ պիտի ծառի նման էլնի: Երբ որ կտրեն արմատեն՝ դարձյալ շիվ տա, որ վառվեն ճյուղեր՝ արմատ իր ուժ պահի, որ դարձյալ ապրի, չմեռնի...

Ափրոյի խոսքերն էին այդ խոսքերը, Ափրոյի մտքերն էին:

Երդիկից լույսի թելեր կախվեցին Հոլիկի խավարի մեջ: Նահապետը վեր կացավ, աղոթքի խոսքեր մրմնջալով:

Մի օր էլ ապրեց նա:

– Բայց ի՞նչ ավելացավ աշխարհքի վրեն,– հարցրեց ինքն իրեն ու չկարողացավ պատասխանել հարցին: Եվ եթե քներ այս գիշեր ու այլևս երբեք չարթնանար, մի բան կպակասե՞ր աշխարհից:

Այդպես մտածելով մի անգամ էլ հիշեց ծերունի Մովսեսին:

«Մեղք մի էրա հոգուդ, մեռել չիս դու, կենդանի իս... հավուր դատաստանին պատասխան ունիս տալու...»:

Հոլիկում ցուրտ էր ու մութ, բայց նա գիտեր, որ դրսում լույս է, օրը ցերեկ է: Ցան դրեց թոնիրը՝ փայտի կպչանների վրա, գնաց, կալնած երդիկը բացեց, իջավ, թոնիրը վառեց ու ծխի մեջ նստած, սկսեց թութուն ծխել: Առաջին հաստ «ջղարեն» որ վերջացրեց, կավե պուտուկը ձավարով ու ջրով լի դրեց թոնրի խաչերկաթին ու աչքերը տրորելով դուրս եկավ:

Հոլիկի մոտերքում ոչ մի մարդ չկար: Իսկ այսօր նրա հայացքը մարդ էր որոնում, մարդկային ձայն ու խոսք էր ուզում լսել: Կցանկանար, որ երնա ծերունի Մովսեսը, գա նստի իր կողքին, փոքրիկ գլուխն ուսերի վրա երերացնելով խոսի, պատմի, թե ինչ բուք ու բորան, ինչ փոթորիկներ եկան-անցան մարդկանց գլխով, ինչ կայծակներ զարկեցին, ով մեռավ, ով ողջ մնաց:

Դա էր մտածում Նահապետը, երբ փայտը ձեռքին հայտնվեց ծերունի Մովսեսը, եկավ, բարի լույս ասաց ու նստեց նրա կողքին՝ թզբեհը քաշելով ու մրմնջալով. «խե՛ր, շա՛ռ, աստվա՛ծ. . . խե՛ր, շա՛ռ, աստվա՛ծ, խե՛ր...»:

– Խեր է աշխարհ, Նահապետ ախպեր, ինչքան շառ տեսեր ինք, բոլ է, մեզնից հետո եկողներու համար բալքի աշխարհ խեր եղնի...

Երկար խոսեց Մովսեսը երեկվա պես ու վերջում նահապետին հրավիրեց իրենց տունը.

– Պառավ չորթնով բալաք ճաշ կեփեր էսօր, էրթանք ուտինք, Նահապետ, քիչ մլե զրույց էնինք...

Նահապետն այս անգամ էլ խոնարհ շնորհակալություն հայտնելով, հրաժարվեց: Մովսեսը գնաց, նա էլ իր հոլիկը մտավ: Պուտուկը եռում էր թոնրի վրա...

Այդպես անցնում էին օրերը: Ու Նահապետին թվում էր, թե աշխարհիքի վրա ոչ մի բան չի ավելանում, ու ոչ մի բան էլ աշխարհիքից չի պակասում: Իր համար միայն մի քիչ թեթևացել էր կյանքը: Ծերունի Մովսեսի գնալ գալով կարծես հուշիկ-հուշիկ մի ծանր քար ցած էր գցել նրա կրծքից: Ինքը չէր խոսում այդ հանդիպումների ժամանակ, միայն լսում էր: Մովսեսը խոսել գիտեր, նրա հոգին էլ վառված էր, սիրտն էլ տանջված: Ու նրա պատմությունները Նահապետին մխիթարում էին: Մի երկու անգամ էլ ինքը Մովսեսի ստիպմամբ, գնաց նրանց տունը: Ծերունու որդիները հարգանքով բարևում էին, դուռը բացում նրա առաջ, պառավը բարևում էր՝ գլուխը խոնարհելով նրա ձեռքին: Նահապետը հասկանում էր, որ նրանց այդ լռության ու հարգանքի, այդ շարժմունքների մեջ ուրիշ բան էլ կա, խղճում են իրեն, մեղք են գալիս: Ու դա ճնշում էր նրան: Դրա համար էր նա մարդկանցից խուսափում: Կամաց-կամաց ընտելացավ Մովսեսի ընտանիքին: Ամիսներ հետո երբեմն գնում էր նրանց մոտ առանց հրավերի: Ծերունու հետ նստում էին դռան առաջ կավե թմբերին ու ավելի լռում էին, քան խոսում: Ծխում էին, մինչև խռպոտելը հազում, հազից խեղդվում էին ու բարի գիշեր ասելով, կամ լուռ գլուխ տալով, Նահապետը վերադառնում էր իր Հոլիկը:

Աշնան սկզբներին Էջմիածնի կողմերից եկան Նահապետի քույրը, նրա ամուսինը ու տասներկու տարեկան տղան: նահապետը, հոլիկի առաջ նստած, գլուխը կախ՝ ծխում էր, երբ կանացի լաց լսեց ու ճիչ: Գլուխը բարձրացնելով տեսավ նիհար ու երկարահասակ մի կնոջ: Առաջին պահի չճանաչեց:

– Նահապե՛տ, մեռնի՛մ քեզի, իմ ազի՛զ ախպեր...

Անթառամն էր: Նրա միակ հարազատը, որ մնացել էր աշխարհում: Գրկեցին իրար, լաց եղան: Ափրոն կանգնած մի կողմ, նայում էր ու խոսում տասներկու տարեկան իր տղայի հետ.

– Թող լան, լավ ի: Թող լան, որ թեթևանան...

Բայց քրոջ որդին չդիմացավ, մոր ու քեռու այդ ողջագուրանքը տեսնելով, հեկեկաց.

– Նորայր, լաց մ էլնի, տղա ես, քո մոր, քո քեռուն խնայի,– նախատեց հայրը, հետո դարձավ կնոջն ու նահապետին.

– Հերիք ի, Անթառամ, բավական ի, Նահապետ: Դարդ աշխարով ի, ազգովին ի, մենակ ձեր չի: Բավական ի, թող ուրիշներ ձեր լաց ու շիվան չտեսնան...

Տեսարանին հեռվից ականատես էր եղել միայն ծերունի Մովսեսը: Անցյալ անգամվանից նա ճանաչում էր Նահապետի կոլտիկ, շարժուն փեսային, հավանել էր նրա բնավորությունը և, ինչպես երևում էր, ուրախացել էր նրա գալուստից:

– Բարո՜վ տեսանք, Ափրո՜,– կանչեց Մովսեսը դեռ չմոտեցած, զվարթ տրամադրությամբ: Գլուխը հիմա ավելի արագ էր շարժվում նրա ուսերի վրա:

– Բարի քեզի, Հորոխպեր Մովսես, ողջություն էլնի,– պատասխանեց Ափրոն և, կնոջը ցույց տալով, ավելացրեց,– քրոջ բերիր եմ, որ ախպոր տեսնի, ուրախութենից կուլան էղպես ի աշխարք, տխրություն ի՝ կուլան, ուրախություն ի՝ կուլան, լաց որ չէլներ, մեր սիրտ կպատռեր...

– Ճշմարիտ է, Ափրո,– հաստատեց Մովսեսը,– մահ լե կեղնի, Հարսնիք լե, մեր կամք չէ...

Քույրը դեռ մղկտում էր՝ լացը զսպել ջանալով և արցունքներ սրբելով, խոսում էր եղբոր հետ.

– Իմ աչք քոռնար, Նահապետ, իմ լուս խավարեր, քեզի էսպես չտեսնի, իմ աղա՜ ախպեր, իմ փաշա՜ ախպեր...

Պատանի Նորայրը հիմա զսպում էր իրեն, բայց սիրտն արտասվում էր կրծքի տակ: Ինչքան պատմություններ էր լսել բոլոր քեռիների և այս քեռու մասին: Նրա երևակայության մեջ Նահապետ քեռու կերպարանքը նկարվել էր հեքիաթային հերոսների տեսքով: Հիմա տեսնում էր բարակ, բարձր, չորացած մի ծառ, որ կրակ տաս՝ կվառվի, մոխիր էլ չի մնա: Պատանին խղճում էր քեռուն, մանավանդ նրա աչքերին նայելով: Նրանք այնպես խորն ու մութ էին, կարծես նրանց խորքերում սարսափներով ու զարհուրանքներով լի մի ուրիշ աշխարհ կար: Եթե կոպերը փակեր, շատ նման կլինեին նրանք իր մայրիկի աչքերին: Եվ այդ նմանությունը, որ այդ չորացած մարդուն հարազատ էր դարձնում իրեն, ավելի խոր ու սուր ցավ էր պատճառում պատանի Նորայրին:

Իր մայրն ու քեռին, երեխաների նման իրար ձեռքերը բռնած, ներս գնացին հոլիկը, հայրը բարձրաձայն, ուրախ խոսում էր անծանոթ ծերունու հետ, միայն ինքը չգիտեր, թե ինչով զբաղվի: Լավ է ներս գնա,– մտածեց պատանին,– գնա մոր ու քեռու մոտ:

Հոլիկի ներսում, թոնրի մոտ իրար կողքի նստած, մայրն ու քեռին լուռ նայում էին իրար:

– Մատաղ էլնեմ քեզի՛, Նահապետ,– մրմնջում էր քույրը, երկու ձեռքերով եղբոր գլուխը բռնած, նայում էր նրա մեծ-մեծ, սև աչքերի մեջ,– մատաղ էլնեմ քու տանջված ջանին, մատաղ էլնեմ Սերոբի, Հայրոյի, Հրայրի, Ժիրայրի, Գևորգի, Անդրանիկի, Մուրադի, Սոսեի, Ջեյրանի գերեզմանի հողերուն... էդ ի՞նչ զուլում էր, ազի՛զ ախպեր...

Այդ խոսքերի վրա քույր ու եղբայր դարձյալ փղձկացին՝ իրար ամուր գրկելով, կարծես թե հիմա էլ նրանցից մեկն ու մեկին վտանգ էր սպառնում: Սթափվեցին, լսելով Նորայրի մղկտոցը: Շուռ եկան, նայեցին նրան ու անմիջապես դադարեցին լալուց:

– Իմ տղեն ի, Նահապետ,– շշնջաց մայրը,– արի՛ Նորայր, արի պագի քո քեռու ձեռք, արի թող քեռին քեզի օրշնի...

Նորայրը մոտեցավ, խոնարհվեց քեռու ձեռքին: Քեռին գրկեց նրան, համբուրեց ճակատը, աչքերը ու նստեցրեց իր կողքին:

– Նման ի իր քեռի Սերոբին,– ասաց Անթառամը,– աչքունք ու ճակատ Սերոբին ի, բոյ, ոտ ու ձեռ քոնն են...

Քեռին ավելի ամուր սեղմեց Նորայրին իր կրծքին:

Ներս եկան ծերունի Մովսեսն ու Ափրոն: Նահապետն ու Անթառամը, արցունքները սրբելով, ոտքի ելան: Նահապետը խոտի ջովից գործած երկու զամբիլ բերեց դրեց թոնրի մոտ, որ ծերունի Մովսեսը, փեսան ու քույրը նստեն, մեկն էլ բերեց իր համար:

Նստեցին ու լուռ մնացին մի քանի րոպե: Թզբեհը քաշելով, Մովսեսը երգեցիկ ձայնով թուրքերեն մի առած ասաց.

– Դունյա Սուլթան Սուլեյմանա կալմադի, քիմա՞ կալաջաղ[1]...

Թարգմանելու կարիք չեղավ: Միայն պատանի Նորայրը չհասկացավ առածի ոչ բառը, ոչ էլ նրա իմաստը:

Գ

Մյուս օրն առավոտյան կանուխ Ափրոն արթնանալով, շտապ հագավ շորերը.

– Անթառամ, դուք ակոա արեք,– ասաց կնոջը,– ես էրթամ մի քիչ ման գամ...

Ու դուրս եկավ հոլիկից: Գնաց դեպի առուն, թմբի մոտ կանգ առավ, նայեց շուրջը. մի բուռ հող վերցրեց, տրորեց, կպցրեց լեզվին: Կարծես ուզում էր ստուգել կարելի՞ է այդ հողն ուտել, թե չէ: Ի՞նչ համ, ինչ հոտ ունի կարմրավուն հողը: Հետո նեղ մի տեղից թռավ առվի մյուս ափը, գնաց դաշտի կողմը: Հաճախ էր կանգ առնում, նայում էր գետնին ու կրկին փորձում հողը: Ձեռքերի մեջ տրորում, կպցնում էր լեզվին, թքում ու կրկին տրորում էր: Կեսօրին վերադարձավ տուն և ուրախացած՝ կնոջն ու որդուն դիմելով ասաց.

[1] Աշխարհը Սուլթան Սուլեյմանին չմնաց, էլ ո՞ւմ պիտի մնա:

– Գտա, Անթառամ: Շեկ, պատվական կավ ի: Նորայր, էլ թեռ դիր ավանակի վրեն, երթանք...

Տղայի հետ թեռն ավանակի վրա դրած, գնացին դեպի առվի փլերը: Ու մինչև երեկո այնտեղ շեկ կավահող էին բերում, լցնում Նահապետի հոլիկի առաջ:

– Ի՞նչ է կենիս, Ափրո , էդ ինչ գործ իս գտեր քըզի,– հարցրեց ծերունի Մովսեսը երեկոյան:

– Կարիքավոր գործ ի, Մովսես ախպեր,– պատասխանեց կարճլիկ, միշտ ուրախ, միշտ կենսասեր Ափրոն:– Քեզնե լավ չէլնի, Նահապետի պես պատվական մարդ՝ հոլիկի մեջ չպետք ի ապրի: Մարդ ժամանակի տեր ու տիրական չի, բայց իր տերն ու իր տիրականն ի... Որ ընկեր ի, վիզ կոտրվեր ի, լալով դարման չէլնի, հեքիմ ի պետք: Որ հեքիմ էլ չկա, պետք ի, որ դու քեզի հեքիմ էլնես: Էդպես ի աշխարիքի կարգ ու օրենք, անասունի տեր մարդն ի, բայց մարդու տերն էլ նմանապես մարդն ի...

Այդ առատախոսությունից Մովսեսը չհասկացավ, թե Ափրոն իր տղայի հետ ինչ է անելու, ինչու է ավանակով կավահող բերում, լցնում այստեղ: Իսկ Ափրոյին թվում էր թե ամեն ինչ պարզ է ու դրա համար էլ բացատրություն չտվեց: Հետևյալ օրը իր հետ բերած պարկի միջից Ափրոն հանեց տախտակից շինած քառակուսի կաղապարներն ու կավը ջրով շաղախելով, սկսեց աղյուսներ թափել: Եկավ ծերունի Մովսեսը, ուրիշ գյուղացիներ էլ եկան: Ամեն մեկը մի «բարի աջողում» ասելով, լուռ կանգնում ու նայում էր: Կինն ու տղան բերում էին կավե շաղախը, լցնում կաղապարների մեջ, Ափրոն ծեփիչով հարթում, ողորկ էր դարձնում ու, կաղապարները հանելով, աղյուսները թողնում էր չոր գետնի վրա:

– Մի շաբաթ արևի տակ մնա, բավական ի... Էն մյուս շաբաթ տան օթախ կշարեմ: Հարիր, հազար էս տեսակ տուն եմ շիներ Էջմիածնի մահալ, քանիինգ տարի կէլնի, որ էս կողմեր կապրեմ, ջարդերից առաջ եկա երկրից ու մնացի էստեղ, երդում էրի, որ թուրքի հպատակության տակ չապրեմ, և Արտամետի խնձորի դալար շիվեր բերեցի իմ հետ, որ մեր խնձոր չկորսվի...

Ոչ մի վայրկյան Ափրոն չէր ընդհատում աշխատանքը և ոչ մի վայրկյան էլ լուռ չէր մնում խոսելու հերթն ուրիշներին զիջելու:

– Աստված քո սրտի չափ լե քեզի տա, Ափրո՛,– ասաց Մովսեսը,– բարի մարդ իս դու, դուրբա՛ն...

Ու Անթառամին դիմելով, ասաց.

– Դու գնա տուն, քույրիկ, մըզի վայիլ չէ, որ մեր աչքի առաջ դու կավ կրիս: Հորի գեղի տղերք անկյա՞լ ին...

Ու շուռ գալով իր տան կողմը, ձայն տվեց,

– Տղա՛ Վրեժ, Մուշեղ, չըլսի՞ք... Վրե՛ժ, եկեք հուդա:

Ծերունու տղաները եկան:

– Քըշտեք ձեր թևեր, ուստա Ափրոյին օգնություն էրեք, կավ տվեք: Դուք լէ էդ գործ սորվեք, պետք կիգա. . . Քույրիկ, դու տուն գնա, կխնդրիմ քըզի, քույրիկ Անթառամ: Մըզի վայել չէ: Ներողություն կենիս, որ քըզի քույրիկ կըսիմ, իմ պստիկ աղջկա տեղն իս...

– Գնա, Անթառամ,– միջամտեց Ափրոն,– Մովսես ախպոր խնդիրք մեր համար հրամանք ի: Որ կասի գնա՝ պիտի էրթաս...

Առաջին անգամ էին գյուղում աղյուս պատրաստել տեսնում: Իրենց երկրում նրանք տներ էին շինում խճերից ու որձաքարից: Ամբողջ գյուղը հավաքվեց նայելու Ափրոյի աշխատանքին: Կավը պակասեց: Մովսեսի տղաներից մեկը զույգ եզը սայլին լծելով, պատանի Նորայրի հետ գնացին կավ բերելու: Հիմա Ափրոն հազիվ էր հասցնում կաղապարների մեջ լցվող կավը մալայով հարդարել: Ծերունի Մովսեսը, որ երկրում հյուսնություն էր արել, իր տունը գնաց ու երկու ժամ հետո շինեց ու բերեց նոր կաղապարներ, ու ինքն էլ սկսեց աղյուս թափել:

Նահապետի լքված, մոռացված հոլիկի մոտ հավաքվել էին գյուղի համարյա բոլոր տղամարդիկ: Իսկ Նահապետը դուրս չէր գալիս, հոլիկի ներսում նստած, ծխում էր ու ծխում:

– Էդպես չէլնի, ախպեր ջան,– ասում էր քույրը, որ ձեռքերը լվացել, ներս էր եկել ու նստել եղբոր կողքին,– դուրս արի, մարդկանց բարև ու բարի աջողում ընդունի, հարցմունք կանեն՝ պատասխան տուր, օգնություն կանեն՝ գոհություն հայտնի, էդպես չէլնի, Նահապետ, հեյրան էլնեմ քո ջանին, ախպեր: Ինչի՞ էդպես աշխարի մոռացիր ես, քեզի կվառես ու կխորովես, Նահապետ...

Խոսում էր Անթառամը՝ եղբոր ուսերը գրկելով, իսկ նա ծխում էր ու մտածում.

«Ա՜խ, քույրիկ ջան, կխոսես, կասես, կխրատես, կորածներուն ողորմի կիտաս, կուլաս, արցունք կթափես, կմխիթարես ու կմխիթարվես, բայց, չես հասկանա, որ քու ախպոր սիրտ քար ի դարձեր, քո ախպեր առանց սրտի կապրի, հողի երեսն ի, բայց մեռած ի»:

– Էդպես ապրել չէլնի, Նահապետ,– շարունակում էր Անթառամը:– Ափրոն քո տարիքին ի, բայց տեսնող կասի թե քանհինգ տարի քիզնե պստիկ ի... Քեզի չես խղճա, քու քրոջ խղճա, Նահապե՜տ: Դու պիտի ապրես, քո սերունդ աշխարհի երեսից մի՜ կտրի: Իմ միտք չե՞ս հասկանա, Նահապետ: Որ քիզի սպանես, մեռածներ հարություն չեն առնի, որ ապրես՝ թեթև կէլնի հող էնոնց վրեն: Նահապե՜տ: Իմ միտք, Ափրոյի միտք և բոլորի կամք էն ի, որ քեզի կողակից պետք ի, դու պիտի կարգվիս, ախպե՜ր ջան...

Նահապետը ցնցվեց: Կարծես մի անակնկալ, սոսկալի լուր հաղորդեցին նրան: Դեմքի առաջ կանգնած խիտ ծխի միջից վախեցած հայացքով նայեց քրոջը:

– Ճշմարիտ կասեմ,– շարունակեց Անթառամը,– օրենք ի և իրավունք ի, որ մենակ չապրես...

Քույրը բացատրում էր եղբորը, որ նա պարտավոր է նոր ընտանիք կազմել, որ նա իրավունք չունի այդպես ապրելու, ինքն իր չոր գլխով ու կյանքից հեռանա առանց սերունդ թողնելու, որ նրա բնության պատճառով չպիտի ջնջվի նրանց տոհմն աշխարհի երեսից: Անթառամը հասավ այնտեղ, որ հայտնեց, թե ինքը մի այրի կնոջ է ճանաչում՝

Նուբար անունով, որ նույնպես կորցրել է իր զավակներին ու գլխավորին, իրենց կողմերից է: Առողջ, նամուսով, տնարար կին է: Ինքն ու Ափրոն որոշել են կամենալ նրան Նահապետին ու խնդրում են, որ Նահապետն իրենց հետ գնա տեսնի ու բերի հետը: Անթառամը հաղորդեց, որ ինքը նույնիսկ խոսել է Նուբարի հետ: Ոչ նա է ջահել աղջիկ, ոչ էլ Նահապետը ջահել տղա է, որ սեր ու սիրահարություն լինի:

– Երկուսիդ էլ աստված առաջին անգամ բախտ չի տվեր, միգուցե երկրորդ անգամ խղճա ու կամենա, որ ապրեք աշխարքի հազար-հազար ապրողներաց մեջ...

Մի քիչ լռեց քույրը, հայացքով զննելով Նահապետին, ապա շարունակեց.

– Դու հակառակ չպիտի էլնես մեզի, Նահապետ, քո քուր քու ձեռք ու ոտք կպագի, որ մեր կամքին հակառակ չէլնես... Նուբար բոյով, բուսաթով, եփող-թափող կնիկ ի, քեզի վարդի պես կպահի, կշահի...

Անթառամը խոսում ու նայում էր եղբոր դեմքին: Հիմա Նահապետի աչքերի մեջ մշուշ էր: Քույրը չէր իմանում՝ համաձա՞յն է, թե հակառակ է իր առաջարկին ու խորհրդին: Իսկ Նահապետը ծխում, ծխում ու մտածում էր. ի՞նչ է ասում քույրը, ի՞նչ են որոշել Ափրոն ու նա: «Զարդված շուշեն մեկ էլ կպցնե՞լ կէլնի»: Նահապետը նորից պիտի ապրի՞, կին առնի՞, երեխա ունենա՞, ինչ կին պիտի լինի, որ փոխարինի Մանուշակին, որ Նահապետի սառած սիրտը տաքացնի, սրտի վերքերին միլամ դնի, լավացնի: Ինչ երեխաներ պիտի ծնվեն Ժիրայրից, Հրայրից, Գևորգից, Անդրանիկից ու Մուրադից հետո: Մտածելով նրանց մասին, նա տեսնում էր բոլորին իրար հետ իր աչքի առաջ կանգնած: Սոսեն ու Ջեյրանն էլ եղբայրների խմբի մեջ: Ու Մանուշակին էր տեսնում... Բարալիկ, բարձր, թուխ աչքերով, ամոթխած հայացքը գետնին հառած: Այդպես տեսավ նրան առաջին անգամ, Արծկեում, այն օրը, երբ Արտամետից այնտեղ էր գնացել մորաքրոջ տունը և մետաքսե թաշկինակի մեջ կապած խնձորներ ուղարկեց Մանուշակին: Հիշում էր նրան այնպես, ինչպես տեսել էր առաջին օրը։ Եվ լսում էր նրա ձայնը.

Դլե յամա՜ն, զյամին եկա՜վ Վանա ծովով...

Շատ անգամ էր լսում Մանուշակի երգի ձայնը, ցերեկը, հոլիկում, կամ դաշտում մենակ նստած ժամանակ, կես գիշերին՝ խոր քնի մեջ։ Արթնանում, տեսնում էր, որ երազ է։ Արթուն ժամանակ շուրջն էր նայում թե չէ՝ ձայնը կտրվում էր։ Կամ առաջին անգամ տեսածի պես էր հիշում Մանուշակին ու նրա երգն էր լսում, կամ հիշում էր վերջին րոպեների պես, երբ ճչալով, վազեց, ուզեց փրկել Սոսեին, ու մեկ էլ ճչաց դաշույնի հարվածից ու դեմքի վրա ընկավ գետնին։ Կամ Մանուշակի երգն էր լսում մտքով տարված, կամ նրա երկու ճիչը ու ցնցվում էր ամբողջ մարմնով...

– Մանուշակ երազ էր, անցավ ու ետ չի դառնա,– ասում է Անթառամը, կարծես իմանալով, թե եղբայրն այդ ժամանակ ինչ է մտածում,– բայց աշխարհ իր տեղ կայնուկ ի, չի փլի։ Թող լույս իջնի Մանուշակի ու տղեյներաց հոգուն...

Անթառամ ի սիրտը լցվեց։ Նա լաց եղավ, իր խոսքերից զգացվելով, փեշով սրբեց աչքերը։

Նահապետը ոչ մի խոսքով դեռ չէր պատասխանել նրա խնդրանքին ու խորհուրդներին։ Դրսից լսվում էր Ափրոյի ձայնը։ Նա աղյուս էր թափում ու բարձր խոսում էր մարդ կանց հետ, հաճախ կրկնելով Նահապետի անունը։ Երևի պատմում էր նրանց տան ու տեղի, կորցրած գերդաստանի ու դժբախտությունների պատմությունը։

Նահապետը լսում էր իր անունը ու բարկանում Ափրոյի վրա ինքն իր մեջ։

– Շաբա՜շ,– կանչեց Ափրոն դրսում,– գոհ եմ, Մովսես ախպեր, և շնորհակալ եմ բոլոր դրկիցներեն, որ օգնական էլաք։ Էսքան քերփիջ բավական ի իմ ախպեր Նահապետի տան համար...

Երեկո էր արդեն, որ օգնողներն ու հետաքրքրվող գյուղացիները ցրվեցին։

Մովսեսը Նահապետին, Ափրոյին և նրա կնոջն ու տղային հյուր կանչեց: Ուշ երեկոյան վերադարձան Նահապետի հոլիկը.

– Բարի մարդ ի Մովսես,– ասաց Ափրոն:

– Իրա կին նմանապես բարի կնիկ ի,– ավելացրեց Անթառամը:

Նահապետը ծխում էր ու ծխում: Պատանի Նորայրին նա առեղծված էր թվում: Քեռու չոր կերպարանքն ու նրա մշտական, ծանր լռությունը երկյուղածություն էին ծնում նրա մեջ և ահ ու սարսափ այն աշխարհի հանդեպ, որտեղից եկել էր այդ վշտահար ու ցնցված մարդը:

Մի շաբաթ սպասեցին, որ աղյուսները չորանան: Մի շաբաթ հետո Ափրոն սկսեց «օթախի» պատերը շարել: Դարձյալ օգնության եկան Մովսեսի տղաները: Մի քանի օրում աղյուս աղյուսի վրա՝ բարձրացան պատերը: Գոյացավ մի սենյակ՝ իր միջանցքով: Մնում էր ծածկել: Ափրոն ինչ-որ տեղ գնաց: Մի քանի օր հետո երկու սայլով հետ վերադարձավ, մեկի վրա վեց գերան, մյուսին՝ եղեգի խրձեր բարձած:

Ու ծածկեց «օթախը»:

– Հիմի ի՞նչ կասես, Նահապետ,– հարցրեց Անթառամը երեկոյան,– ես ու Ափրոն էրթա՞նք ուզնկան, Նուբարի բերնի գոլ իմանա՞նք՝ քեզի կհայտնե՞նք...

Նահապետն այս անգամ էլ լուռ մնաց:

– Նահապետ ախպեր թող իր թութուն ծխի,– ասաց Ափրոն,– այդ գործ ես ու դու կկամենանք, Անթառամ: Նահապետ իրավունք չունի մեր կամքին հակառակվի, մենք օտար չենք Նահապետի համար... Իմ ու քո վճիռ՝ Նահապետի վճռոն ի...

Նորայրը նայում էր քեռուն ու չէր հասկանում՝ համաձա՞յն է նա, թե՞ դեմ է ծնողների ցանկությանը:

– Նորայր դաղրեր ի, թող Նորայր քնի,– ասաց քեռին, ձեռքը Նորայրի գլխին դնելով: Կարծես ամաչում էր քրոջ պատանի որդու ներկայությունից:

Դա միակ խոսքն էր, որ այդ օրը քույրը, փեսան ու նրանց որդին լսեցին Նահապետից։

Դ

Ափրոն ավանակը թողել էր Նահապետի մոտ։

– Բարձկան կենդանի ի, պետք կուգա...

Ու պետք եկավ։ Երկու երեք անգամ Նահապետը, բարակ մի ճոպան վերցնելով հետը՝ ավանակն առաջն արած, իջավ «ղռերի» ներքին փեշերը, ձմեռվա համար վառելիք բերելու։ Քաղում, ջարդոտում էր չորացած մացառներ ձորափերից, խուրձ անելով, ամուր կապում էր ճոպանով ու բարձելով ավանակին՝ տուն էր գալիս, երբ մութն ընկած էր լինում։ Կարծես թե չէր ուզում, որ մարդիկ տեսնեն, թե ինչ մանր հոգսերով է զբաղված, թե իր ինչ մանր կարիքներն է հոգում։ Կարծես թե ամաչում էր մարդկանցից, որ ապրում է։ Իրավունք չուներ ապրելու այն ամենից հետո, ինչ կատարվեց, բայց ապրում է։

Ամբողջ ձմեռը գրեթե միշտ մենակ նստում էր իր «օթախում», ծխում էր ու մեկիկ-մեկիկ մտաբերում իր կյանքի անցած օրերն ու իր հարազատներին։ Նրանցից ո՞ւմ մտքով կանցներ, թե իրենք բոլորը նահատակ կդառնային ու մենակ Նահապետը կմնար բոլորի վշտով տանջվելու։ Հիշում էր ամռան օրերը, երբ Արտամետում կարմրում էին խնձորները, երեխաներն ուրախ վազվզում էին պարտեզներով, տղաները կարմիր խնձորներ էին թափում կժերն ուսին աղբյուրից վերադարձող աղջիկների ճանապարհին։ Ծովը երկնքի պես կապույտ էր լինում, երկինքը՝ զմրուխտի պես շողշողուն։ Հեռվից երևում էին Սիփանա վերին լանջերից փրթող Արծկե գետի փրփուրները։ Գոչգոչելով, զնգալով-զրնգալով գետն իջնում էր Սիփանա դոշից ու գալիս թափվում էր Վանա ծովը։ Սարից դուրանն իջնելով, ջրերը հանդարտվում էին ու կարմրախայտ ձկները ետ էին դառնում, որ ծովի աղոտ ջրերին չհասնեն ու տառեխներին չխառնվեն։

Թիթեղե վառարանի մոտ նստած, աչքերը կիսախուփ, Նախապետն ամեն օր մտքով գնում էր հայրենի աշխարհը, շրջում այգիներն ու պարտեզները, քայլում էր ծովափով: Մանուշակի հետ գյամիով գնում էին Արծկե, Մանուշակի հոր տունը, նրա եղբայրների հետ ձիերով բարձրանում էին Սիփանի լանջերը: Ինքը Մոկաց Միրզայի երգն էր երգում, աներորդիները կաքավներ ու լորեր էին խորովում կրակի վրա: Հանդիպում էին երբեմն ավազակ քրդերի ու փախուստի էին մատնում նրանց: Քանի՞ անգամ թուրք ոստիկանները խուզարկել էին Մանուշակի հոր տունը ու ոչ մի հրացան չէին գտել: Այդպես էլ նրանք հրացանները՝ «մոսենին», «քյուչուկչափն» ու հին երկու «այնալուներ» պահեցին մինչև մեծ փորձանքի օրերը, իսկ Արտամետում չպահեցին, չթաքցրին հրացանները, չլսեցին Սերոբին ու Հայրոյին ու կոտորվեցին... Լավ կլիներ, որ կռվեին ու սպանվեին կռվի մեջ, քան թե սրի քաշվեին: Օղորմի ձեզի, առնեցիներ՝ ով որ սպանվեր ի, ողջություն ու կենդանություն՝ ով ողջ ի: Լավ, պատվով կռվեցին ու կոտորեցին Ջավդաթ փաշի ասկյարներուն: Վանի դեպքերից հետո Ջավդաթ փաշեն նահանջեց ու պիտի ետ գնար Ալջավազով: Կարծում էր, թե Արծկեի կայմակամության բոլոր գյուղերի հայերը կոտորվել են, գյուղերը դատարկ ու անտեր են: Ու ճշմարիտ որ դատարկ են՝ Բարկաթ, Առեն, Կոճերեր... Թուրքի զորքն այդպես ետ էր քաշվում, իսկ գյուղերի բոլոր հայերը, որ հրացան ու մաուզեր ունեին, հավաքվել էին Առենի մոտ: Առեն գյուղի դիրքը հարմար էր կռվի համար: Զորքը խառն ու խուռն մոտեցավ Առենին, հայեր մոսենիներից, «քյուչուկչափներից», տասնոցներից կրակ բացեցին: Ջավդաթի զորքը ետ փախավ ձորի կողմը: Էնտեղ էլ զինված հայեր էին թաքնվել, թիկունքից խփեցին: Յոթ հարյուր ասկյար սպանվեց: Արծկեի կողմի հայերը փրկվեցին: Դրանից հետո գնացին, փլերի տակ մտան: Բարկաթի առջև ծովի ափերը բարձր են: Ծովի միջից եդ փլերի տակ փորեցին: Այրեր գոյացան: Ալիքները խփում էին այդ անցքերին, մի քիչ ներս էին գնում այրերը ու ետ էին քաշվում ծովը: Ո՞վ կիմանար, թե ծովի կողմից մարդիկ մտել էին այդ փլերի տակ, թե նրանց տակ մեծ, երկարավուն տների պես տարածություններ կային: Նախանջող թուրք զորքերը յոթ գեմիով եկան, պիտի անցնեին Բարկաթի առջևով, էդ փլերի մոտով: Նահապետի եղբայր Հայրոն հրաման տվեց, ասաց. «Հայեր, մենք պետք է, որ չթողնենք էս ասկյարներ անցնեն, երթան ազատվեն ու էլի ետ գան հայ սպանեն: Դուրս ելնենք, ասաց, հրացաններով հարձակվենք գյամիներաց վրա, շատից շատ, քչից քիչ: Եթե մեր կյանք կփրկենք, ուրեմն ազգի պատիվն էլ փրկված ի»: Դուրս եկան, կռիվ սկսվեց: Թուրքերը կարծեցին, թե ծովի տակից «ջիներ», չար ոգիներ ելան իրենց պատժելու: Գլուխները կորցրին: Ցոթը գյամու վրա ինչքան ասկյար, օնբաշի, յուզբաշի ու բինբաշի կար, կոտորվեցին: Ու հայերը նավերի վրա բարձրացան, քշեցին Վանա կողմը... Բա յց, հե՜յ վախ, էդ կռվից ու ազատությունից առաջ փլերից մեկը նստեց, յոթանասուն մարդ մնացին տակը, մեռան: Նահապետի եղբայր Սերոբն էլ էնտեղ էր, մյուսների հետ մեռավ: Իսկ Հայրոն նահատակ եղավ նավերի վրա հարձակվելու ժամանակ: Ծովից թռել էր նավ, որ շուռ տա դեպի Վան, իրեն սուտ մեռել ձևացրած մի ասկյար խանչալով զարկել էր թիկունքին: Ա՜խ, անզգույշ Հայրո, ինչպե՞ս դու քո աջ ու ձախ կողմերը չնայեցիր: Երկու ախպերն էլ սպանվեցին Առենի ու Բարկաթի կռիվներին: Նահապետն էլի ողջ մնաց եկավ Վան, խառնվեց հազար-հազար գաղթականների խմբերին ու շարժվեց նրանց հետ: Ծովի մեջ ընկած տաշեղի պես մեկ էս կողմ էր գնում, մեկ էն կողմ: Ու եկավ, ընկավ էստեղ: Ինչո՞ւ էստեղ եկավ, ո՞ր կողմի քամին քշեց բերեց, ինքն էլ չէր հիշում...

Թիթեղե վառարանը կարմրում էր, մացառների չոր արմատ ները վառվում էին ու երկար ժամանակ չէին մոխրանում: Նահապետը խսիրի վրա, կեղտակուր բարձերին թիկնած՝ մտքով թափառում էր գաղթի ճանապարհներին, ուռած ոտքերով ու քաղցից ուժասպառ: Հանգստանում էր չոր քարերի վրա ու ճահճուտների խոնավ ափերին: Ամեն օր որոշում էր գլուխը մահու տալ ու վախենում էր ահեղ դատաստանի օր վանից: Մահն էլ մոտ չէր գալիս, հեռու էր փախչում նրանից, գնում, ջահելների էր գտնում, ջահելների ու անմեղ երեխաների: Իսկ Նահապետը ողջ մնաց, հիմա էլ ասում են, թե պիտի ապրի, պարտավոր է ապրել, օրենք է ու իրավունք է, որ ապրի...

Օրերն անցնում էին օրերի ետևից, շաբաթները՝ շաբաթների: Նա ձավար ուներ պարկի մեջ, հոլիկում դրված, ժաժիկ ու մանրացած պանիր ուներ: Ափրոն ու Անթառամը թխված հաց էին բերել իշաբեռով: Չոր հացը թրջում էր, ժաժիկի հետ ուտում, երբեմն ձավար էր խաշում ջրի մեջ, ջուրը թափում էր, խաշած հատիկները պուտուկի մեջ պահում էր առավոտ երեկո ուտելու: Երբեք ախորժակ չէր ունենում, մտքով համեղ խորտիկներ չէին անցնում: Կարծես հենց այդպես էլ ապրել էր աշխարհում իր ծննդյան օրից, ոչ մրգերով լի մառաններ էր ունեցել, ո՛չ տիկերով դեղին պանիր, ո՛չ կարասներով աղ դրած տառեխ, ոչ նռան հյութը վրան քամած խորոված էր կերել, ոչ էլ երնջի կավուրմա: Դատարկ բան է աշխարհը... Ո՛չ լիք փորով մարդն է երջանիկ, ոչ էլ անոթին է անբախտ: Խեղճ, անբախտ մարդը մենակ մարդն է, ինչպես հիմա Նահապետն է: Թող Մանուշակը, տղաներն ու աղջիկները իր հետ լինեին, իր կողքին, թող այդ չոր հացն էլ չունենար, զարի ու կորեկ ուտելով էլ բախտավոր կլիներ, գոհություն աստծու:

Երբեմն ինքն իրեն հարցնում էր.

«Ի՞նչպես ի, որ չեմ ծռեր, էսքան դիմացիր եմ, պատճառ ի՞նչ ի, յարաբ աստված»...

Մեկ-մեկ այցելության էր գալիս մշեցի Մովսեսը: Փոքրիկ գլուխն ուսերի վրա տմբտմբացնելով լուռ գալիս, խսիրի վրա տեղավորվում էր Նահապետի կողքին, ծխում էր, թզբեհի վրա ամեն անգամ «խեր, շառ, աստված» էր զգում՝ այնպես անելով, որ «խերի» կամ «աստվածի» վրա կանգ առնի, պպղուն, մանրիկ աչքերով նայում էր Նահապետին ու մրմնջում:

– Գետեր զարուն կպղտորվեն, աշուն կզուլալվեն, մի օր մուժ ու դուման կեղնի, մեկել օր երկինք գետինք կիստակվեն, մի օր ուրախություն կեղնի, մի օր տխրություն: Աշխարի լե, մարդ լե, եղանակ լե փոփոխական ին, մեր կամք չէ...

Այդպիսի խոսքերից հետո երկար լռում էին: Մովսեսը նոր «ջղարա» էր փաթաթում ու «ղութին» պարզում էր Նահապետին: Նահապետն իր թութունի տոպրակն էր բացում, դնում խոտի ջովից հյուսած աթոռակի վրա: Հետո Մովսեսը հարցնում էր, թե ինչ լուր ու խաբար ունի Ափրոյից, Անթառամ քույրիկից:

– Հալալ եղնի քու կաթ քըզի, Ափրո ասում էր Մովսեսը,– ի՛նչ կեղներ, որ քու նման շատ մարդիկ ապրեն աշխարհի վրեն: Ի՞նչ կըսիս, Նահապետ, հորի՞ Ափրոն չի գա հուդա, գլուխ խա՞ռն է, շատ գո՞րծ ունի: Ի՞նչ կարծիս դու, Նահապետ...

Նահապետը լուռ ցնցում էր ուսերը: Ծերունի Մովսեսը շարունակում էր.

– Մի պատահմունք չեղնի՞: Հեռի իրնե, Ափրոն ափսոս է: Հալբաթ շատ գործ ունի: Ես չհավատամ, որ Ափրոն քըզի մոռնա: Յոթ սարի ետև լե եղնի, յոթ քարի տակ լե եղնի, էսօր վաղ ձեն կիգա կիասնի մըզի... Քույրիկ Անթառամի սիրտ լե էղքան չհամբերե, կերնի կպատրաստվին որ գան: Ես լե, որ ազգական, հարազատ չիմ, կարոտցեր իմ Ափրոին...

Նահապետը հավանություն էր հայտնում՝ գլուխը դանդաղ ու ծանր շարժելով: Սրտում եղածն ասելով, Մովսեսն ապա հաղորդում էր գյուղի նորությունները: Նորից հողաբաժանություն է: Հողը բաժանում են ըստ շնչի: Ի՞նչ է մտածում Նահապետը: Մի շնչապատկան հողը շատ քիչ կլինի ապրելու համար...

Նահապետը հասկանում էր, թե մշեցին ինչ է ակնարկում ու շարունակում էր լուռ մնալ:

– Էսօր Ղուկաս հարցուց քըզի: Կսե հորոխպեր Նահապետ ի՞նչ կմտածե, հորի՞ չի գա գրասենյակ, տեսնենք ինչ պակասություն, ինչ կարիք ունի: Կըսիմ հորի դուք շա՞տ մակուլ իք, նախագահ ջան, հորի՞ դուք չի գաք Նահապետին տեսության:

Նահապետը զարմացած նայեց Մովսեսին: Ինչո՞ւ է նա այդպիսի բան ասել գյուղի մեծավորին, ինչո՞ւ նա պիտի գա իր մոտ, գա ի՞նչ տեսնի: Լավ չի արել Մովսես ախպերը:

Հետևյալ օրը Ղուկասն իսկապես եկավ Նահապետի տունը: Մոտ երեսուն տարեկան, թուխ, լիք դեմքով, բարակ, սև բեղերով, գալիֆե շալվարի վրա նեղ սապոգներ հագած մի դուրեկան երիտասարդ էր նախագահ Ղուկասը:

– Հորոխպեր,– բարև տալուց հետո դիմեց Նահապետին,– հողաբաժանություն է, կռիվ կենին, կքրֆին ընձի, ամեն մեկ իր համար լավ տեղ կուզե, բա դու հորի՞ չիգաս, քըզի հող ուզիս...

Նահապետը ուսերը թոթվեց, չիբուխը տարավ բերնին:

– Հող շնչներու վրա կբաժնին,– բացատրեց Ղուկասը գլխարկը հանելով ու սանրելով խիտ, սև մազերը,– մի հոգու հող տանք քըզի քիչ է, հորոխպեր, բա իմա՞լ էնինք...

Ծերունի Մովսեսն էլ եկավ խոսակցությանը մասնակցելու:

– Ղուկաս ջան,– ասաց նա,– կուզիս ես քըզի ստորագրություն տամ, որ Նահապետ զարուն չեղավ, ամառ, յա աշուն կեղնի երկու շունչ, մենակ չմնա, կուզիս թուղթ բեր, ձեռ քաշիմ վրեն...

– Դու ձեռ կքաշիս, հմա ինք ձեն չէնե,– ծիծաղելով ասաց Ղուկասն ու կրկին դիմեց Նահապետին:

– Ի՞նչ կըսիս, հորոխպեր Նահապետ, երկու շունչ հաշվի՞նք քըզի, հող չափի՞նք: Քու պատասխանին կսպասիմ, հորոխպեր...

Նահապետը ծարավի պես խմեց թութունի ծուխը:

– Ընձի մեկ շնչապատական հող կըհասնի և բավական ի...

Նախագահի Ղուկասն ու ծերունի Մովսեսն իրար նայեցին:

– Լավ, հորոխպեր,– ասաց Ղուկասը,– որ շատնաս, հող լե կշատցունք, խորհրդային իշխանություն որ եկեր է, քու համար է եկեր: Լենին պատվեր է տվեր, որ քու նման մարդոց օգնություն էնինք, ձեռք բռնինք, ընկած տեղից հանինք, կայնցունք ոտի: Ես կուզիմ քըզի հող շատ էղնի, որ չուզիս հիմի՝ քու կամքին է, հորոխպեր, թող քու ցանկությունով էղնի: Քըզի որ մի բան պետք էղնի, ընձի ձեն տուր, կիգամ, քու համար ես պատրաստ իմ...

– Շնորհակալ եմ, պարոն Ղուկաս, քու արն երկեն էլնի...

– Ես պարոն չեմ, հորոխպեր,– ծիծաղելով ասաց Ղուկասը...

– Ինչ էլ էլնես, ապրի՛ս, զորանա՛ս: Շնորհակալ եմ...– մրմնջաց Նահապետը:

Դրանից հետո թե ինչ էր անցնում-դառնում գյուղով, Նահապետն անտեղյակ չմնաց, նույնիսկ Մովսեսի պատմությունները նրա մեջ հետաքրքրություն էին շարժում. ով ինչ քան հող է ստացել, ով իր երեխա տղային ամուսնացրել է, որպեսզի ավելի հողաբաժին վերցնի, ով է առուների ու թմբերի եզրերը միացրել իր շնչապատկանին: Ասում, խոսում էին այդ մասին, չարախոսում, բամբասում էին՝ հարևան-հարևանի, նույնիսկ քավորը սանահոր, խնամին խնամուն: Այդ ամենը հասնում էին Նահապետին՝ Մովսեսի, նրա տղաների, նույնիսկ կնոջ միջոցով: Լսում էր Նահապետը, զարմանալով զարմանում էր և գլուխը շարժում: Նա գոհ էր միայն, որ Մովսեսն ու իր ընտանիքն այդ վեճ ու կռվին չէին խառնվում, նրանք նույնպես լսում ու դատապարտում էին մարդկանց: «Մարդն ագահ, անկուշտ ի,– մտածում էր Նահապետը,– իրենց երկիր, անուշ հող ու ջուր կորցրիր են, էսա քարոտ, քարքարոտ, չոր հողերաց համար կռիվ-կալմակալ կենեն: Ջուր ջաղաց տարեր ի, չախչախի համար նստիր են կուլան»...

Գարունն արդեն մոտենում էր, խոտն ու դարմանն սպառվել էին, դաշտերը սևին էին տալիս, ձյան շերտերը հեռացել էին դեպի Արագածի վերին լանջերը: Արարատյան դաշտը վաղ առավոտյան կապույտ մշուշով լցված՝ նման էր ծովի: Մեկ-մեկ կանուխ արթնանալիս, Նահապետին այնպես էր թվում, թե Արտամետից ծովին է նայում և հանդիպակաց նրա ափից էլ երկինք է հասել Միփանի սիվտակ գագաթը:

Մի ձմեռ էլ անցավ, էլի նոր մի գարուն էր գալիս, և ոչ մի լուր չկար երկիր վերադառնալու մասին: Դրա համար էր, գուցե, որ մարդիկ մի թիզ հողի պատճառով կռվում էին, իրարից խռովում, պատրաստվում էին՝ ով արորով, ով գութանով վարել իրենց հողերը, գարի ու կորեկ ցանել, որ պահեն պահպանեն երեխաներին:

Գարնանացանի օրերն արդեն մոտեցել էին, որ Ափրոն ու Նորայրը, մի նոր ավանակ առաջները գցած, Արագածի լանջի այդ գյուղը մտան: Հանդիպողին բարև էր տալիս Ափրոն, ծանոթների, անծանոթների ողջիսությունն էր հարցնում, ամեն մեկի հետ մի րոպե կանգնելով, հետո գնդակի պես գլորվում, վազում հասնում էր իրենից հեռացած Նորայրին: Ու դարձյալ կանգ էր առնում՝ նոր ծանոթի հանդիպելով:

– Բարով տիսանք, Վրեժ տղա, ինչպե՞ս ի քո պատվական հայրիկի առողջությունն: Լա՞վ ի: Մովսես խոջեն ազիզ մարդ ի, տղա՛, լավ շահեք-պահեք, մեղք չառնեք ձեր վիզ... Էս երկօր Նահապետ ախպոր տեսի՞ր եք, աղեկ ի՞: Է՞, որ լավ ի, փառք աստծու: Նորայր, հուշիկ գնաք իրար հետ հասնենք...

Ու էլի գլորվելով վազում էր որդուն հասնելու ու լածը հաղորդում էր նրան:

– Քեռին լավ ի, կասեն, գոհություն աստծու, ողջ-առողջ ի...

Մինչև Նահապետի տունը կհասնեին, նրանց գալստյան լուրն արդեն հասել էր Նահապետին ու ծերունի Մովսեսին, որ դռանը կանգնած՝ ծխում էին: Նրանք արդեն սովորել էին իրար ու հաճախ էին միասին լինում: Լուռ իրար կողքի նստած՝ ծխում էին, լուռ կանգնում իրար կողքի՝ ծխում էին, լուռ քայլում էին կողք-կողքի՝ ծխում էին: Մովսեսը խոսում էր սկզբում, խոսում, ու չլսելով իր խոսքերի, մրմունջների ու հառաչանքների արձագանքները, հիմա արդեն սովորել էր Նահապետի պես լուռ մնալ, խոսել իր հոգու հետ նրա նման: Հիմա էլ իրար կողքի կանգնած, մեկը բարձրահասակ, նիհար, չոր կերպարանքով, մեծ գլուխն ուսերին, խոշորք սև, խոր գնացած աչքերով, մյուսը միջահասակ, նույնպես չոր, փոքրիկ ու միշտ շարժվող գլխով, մանրիկ աչքերով՝ լուռ ծխում էին ու անձայն խոսում իրար հոգիների հետ: Ափրոյին տեսնելով պսպղացին Մովսեսի մանրիկ ալքերը, իսկ Նահապետի դեմքի վրա, նրա մթին աչքերի մեջ ոչ մի փոփոխություն չառաջացավ:

Մոտենալով Ափրոն արագ վազեց, առաջինը թոթվեց մշեցի Մովսեսի ձեռքը, որովհետև տարիքով նա շատ մեծ էր Նահապետից.

– Բարով տիսանք, մեծ ախպեր, գոհություն, որ դարձյալ արժանացանք իրար տեսության...

Ապա երկու ձեռքով գրկեց Նահապետին ու երկար, երգեցիկ ձայնով արտասանեց նրա անունը.

– Նա՜-հա՜-պե՜տ, ողջություն, կենդանությո՜ւն... քո գույն ու տեսք էս հետ լավ ի, Նահապետ...

Դարձավ որդու կողմը:

– Տղա՜...

Նորայրը սպասում էր, որ հայրն ավարտի իր խոսքն ու խնդությունը, հերթն իրեն տա: Հիմա էլ նա մոտեցավ քեռուն ու նրա հարևան ծերունուն: Ձեռք տալով, համբուրեց նրանց չոր ձեռքերը ու մի երկու քայլ ետ քաշվեց:

– Ձեր ծառեն ի,– ասաց հայրը ու դիմելով տղային՝ ավելացրեց,– ավանակի վրայեն տնկիներ իջեցու գետին, Նորա՜յր, թող հայվան երթա իր համար արածի... Տես ի՞նչ ենք բերեր քո համար, Նահապե՜տ: Արտամետի խնձորի ու նռան տեսակներից ի, կուտեր ցաներ եմ իմ ձեռքով և իմ ձեռքով պատրուսեր եմ... ինչ հողի վրա որ կապրենք, պարտական ենք, որ էդ հող զարդարենք... Քո գործն ի էդ գործ: Նահապետ: Արտամետու խնձոր թող չկորսվի, ափսոս ի, նուռ նմանապես...

Նույն օրն էլ առանց սպասելու, հայր ու որդի բահեր ճարեցին ու սկսեցին փորել Նահապետի տան առջևի փոքրիկ տարածությունը: Մովսեսն ու իր տղաները զարմացան, թե ինչո՞ւ են փորում, կարելի է արորով վարել: Երեկոյան նրանք օգնության եկան, մի բահ էլ ճարեց Նահապետը: Առաջին անգամ այս գյուղում նա սկսեց աշխատել ուրիշների ներկայությամբ: Նրա երկար, չոր հասակին չէր սազում կռանալ, բահով կտրված հողը շուռ տալ, կարծես մարմինը երկտակվում էր:

Մովսեսն ու իր տղաները քանի անգամ խնդրեցին, որ գործի կեսն էլ թողնեն հետևյալ օրվան, Ափրոն չլսեց ու չընդհատեց աշխատանքը: Լուսնյակ երեկո էր: Փորեցին մինչև կես գիշեր ու ավարտելով գործը՝ գնացին քնելու: Առավոտ վաղ արթնացան՝ Ափրոյի բերած խնձորների ու նռան ծառերը տնկելու: Հիմա արդեն Նահապետն էր ցույց տալիս, թե ինչպես պիտի տնկեն՝ արմատներն ինչպես դնեն հողի մեջ, ինչ խորության վրա, ճյուղքերի ծայրերն ինչպես կտրեն, ինչքան ջուր տան...

– Է, դուք կհավատա՞ք, որ էս քար ու քռի մեջ խնձոր կէղնի,– հարցնում էր Մովսեսը:

– Անպատճառ կէղնի,– ասում էր Ափրոն,– երկու տարի հետո քու աչքերով կտեսնաս, Մովսես ախպեր: Կհասնի, կքաղցրանա, կասկած չկա:

– Կհասնի,– հաստատեց Նահապետը:

– Իսկ նուռ եկող գարուն պտուղ կիտա, – ասաց Ափրոն,– տնկին մեծ ի, փորով էրնջու պես ի...

Գյուղացիները հավաքվեցին նայելու:

Մերկ էր Արագածի լանջի այդ գյուղը: Շուրջը մերկ, լերկ քարեր, որ նույնիսկ չէին մամռոտում, որովհետև օդի մեջ ոչ մի խոնավություն չկար: Եվ հիմա այդ արտամետցիներն ուզում էին խնձորի պարտեզներ գցել այս գյուղում: Մշեցիներն ու սասունցիներն իրար աչքով էին անում, ծիծաղում, մանավանդ այն րոպեներին, երբ Ափրոն ու իր տղան սկսեցին մոտիկ առվից կժերով ջուր բերել ու ջրել նոր դրված տունկերը:

– Ներողություն կենիս, Ափրո ախպեր,– հարցրեց մեկը,– դու տեսե՞ր իս, որ դավեն ֆինջնով ջրին...

Ափրոն հասկացավ, որ ծաղրում են իրեն: Բարեմիտ ժպտաց ու նայելով հարցնողին՝ պատասխանեց:

– Տեսիր եմ: Դավեն հասկցող կենդանի ի, ֆինջնով ջուր կխմի: Դավեն մշու ծուռ գոմեշ չի, որ ինչ տիսնա, ջոջ գլխով զարկի ջարդի, ջարդ ու փուրդ անի...

– Կերա՞ր, Մանո՛ւկ, քու պատասխան առա՞ր,– ձայն տվեցին էս ու էն կողմից:

– Վա՛յ դու կրակ չուտիս, Ափրո, կրակ չուտիս դու,– ասաց ծերունի Մովսեսը՝ Ափրոյի պատասխանից հիացած,– վա՛յ կրակ չուտիս դու...

– Իսկ ծառ կժով կջրի՞ն, Ափրո ախպեր,– այս անգամ արդեն ուրիշ եղանակով հարցրեց մի ուրիշը:

– Թազա ի տնկվեր, առուն բացես վրեն՝ հող կքշի կտանի: Որ պինդ կպնի, էն ժամանակ կարելի ի, որ առվով ջուր տաս...

Այդ խոսք ու կատակի ժամանակ Նահապետը ներս էր գնացել ու նստած ծխում էր: Ամեն անգամվա պես նա փախել էր մարդկանց հարցուփործից:

– Մովսես ախպեր, քեզնեն մի խնդիր ունեմ,– ասաց Ափրոն,– երբ բոլոր տնկիները ջրել, պրծել էին,– Նահապետին պիտի տանեմ իմ հետ, քուր կանչիր ի, իմ խնդիրք էն ի, որ ձեր աչք էս տնկիներաց վրեն պահեք, չթողնեք, որ անասուններ ուտեն, կամ երեխեք կոտրտեն, մինչև Նահապետ դառնա ետ գա...

– Իմ աջից վրեն, Ափրո: Ընձի ամանաթ թողեք ու գացեք, ոչ մի կասկած լե չէնիք,– պատասխանեց Մովսեսը:

Նրա գլուխը քանի գնում, ավելի նկատելի էր պարում ուսերի վրա:

Նորայրը մի կուժ ջուր էլ բերեց: Ափրոն երկու ձեռքը բուռ արած՝ ջուր էր վերցնում և ցանելով նորատունկ խնձորենիների ու հողի վրա, աղոթքի պես ինչ-որ խոսքեր էր մրմնջում: Կուժը դատարկելուց հետո թաց ձեռքերով շփեց դեմքն ու աչքերը և ամեն ինչ ավարտված համարելով՝ գլուխ տվեց ներկաներին ու ներս գնաց Նահապետի մոտ:

– Դե, Նահապետ ախպեր, պատրաստվի, որ ճամփա ընկնենք... Գործի ժամանակ քեզի չասեցի, հիմա պիտի ասեմ: Քո քուր հիվանդ ի, կուզի քեզի տիսնա: Վտանգավոր բան չի, բայց դե, մեծ կնիկ ի, տկար ի...

Նկատելով, որ Նահապետի սառած դեմքի վրա այս անգամ շփոթմունք երևաց, Ափրոն, ինքն իր մեջ ուրախանալով, ավելացրեց.

– Վկա Նորայր, որ վտանգավոր չի, ճշմարիտ կասեմ, դարդոտ քուր ի, ախպոր կարոտցեր ի...

Մյուս օրն Արագածի լանջի այդ գյուղից, որ ավելի Մանթաշին էր մոտիկ, քան Համբերդին, ճամփա ընկան դեպի Էջմիածնի կողմերը:

Ե

Լուսաբացից մինչև երեկո ճանապարհի էին գնում: Անցան Սև ջրի մոտով, գնացին Էջմիածնի կողմը: Հեռվից երևում էին արդեն վանքերի գմբեթները՝ սուր վեղարներով: Թեքվելով ձախ՝ բարձրացան Ուջան ու Կոշ գյուղերը: Ու գնալով դեպի արևելք, իրիկնամուտին հասան այն գյուղը, ուր եկել, իրար գտել էին արծկեցիներ, կոճերեցիներ ու առենցիներ և մի քանի գերդաստան էլ Արտամետից կային, որ կամ «մեծ դեպքերից» շուտ էին գաղթել այս կողմերը, կամ հրաշքով փրկվել էին, կոտորածից առաջ՝ Արտամետից անցնելով Առենի կողմերը:

Անթառամը ողջ-առողջ, ոտքի վրա, վազեց եղբորն ընդառաջ.

– Իմ պատվական ախպեր, Նահապետ, զոհություն, որ կտիննեմ քեզի սաղ-սալամաթ, մատաղ էլնեմ քո բոյ բուսաթին, իմ իշխան ախպեր, իմ թագավոր ախպե՛ր...

– Ներս մտնենք, Անթառամ, տուն մտնենք,– կնոջն

ընդհատելով, նրան ու եղբորն իր կարճ թևերով գրկեց Ափրոն,– ինչ որ կասես, ներս մտնենք, ասա, Անթառամ: Քո թագավոր ախպեր, քո վազիր, թե նազիր մարդ, քո իշխանաճուտ տղեն անոթի են, դադրիր են, բեզարիր են, նե՛րս մտնենք...

Ներս մտան ու անմիջապես հացի նստեցին: Անթառամն այսօր սպասում էր նրանց: Սուփրան գետնին, խսիրի վրա փռելով՝ նստեց եղբոր կողքին ու գրկեց նրա ուսերը:

– Անթառա՛մ, բավական ի,– նկատեց Ափրոն,– թող Նահապետ հաց ուտի: Ուտի, սեղանեն վեր կենա, նոր ինչ կասե՛ս, ասա՛...

Ընթրիքից հետո տան վերին պատի տակ փռված թաղիքին Անթառամը բարձեր դրեց: Նահապետն ու Ափրոն իրար կողքի թիկնեցին բարձերի վրա, ու Նահապետը թութունի տոպրակը գոտու միջից հանեց:

Անթառամը գլուխը կապեց, երկրի կոնդորաների նման ծանր ոտանամանները հագավ ու դուրս գնաց: Ափրոն Նորայրին էլ ինչ-որ գործով տեղ ուղարկեց: Մնացին ինքն ու Նահապետը մենակ:

– Հո շատ չե՞ս դադրեր: Նահապետ,– հարցրեց աներորդուն:

Նահապետը գլխով բացասական պատասխան տվեց.

– Գիտեմ, որ մտքիդ մեջ կասես, թե Ափրոն ինչի՞ քեզի խաբեց, Նահապետ: Ասեցի որ Անթառամ հիվանդ ի, քեզի կկանչի, բայց Անթառամ առողջ ի: Պխտի հարցնես, թե էդ ի՞նչ պատմություն ի: Ճշմարիտ ասեմ, Նահապետ, եթե խաբիր ենք, մեղավոր առաջին Անթառամն ի, առաջին մեղք ինորն ի, երկրորդ իմն ի: Բայց նպատակ բարի ի, Նահապետ, քո քուր ու քո պստիկ ախպեր, որ Ափրոն ի, քեզի բարի կկամենան...

Ու պատմեց Ափրոն, որ Անթառամը հաստատ որոշել է Նահապետին կարգել: Նուբարը շատ ու շատ լավ կին է, բարի սիրտ ունի, շենք ու շնորհքով է, օտար ու անծանոթ չէ... Կոճերեր գյուղից է, Նահապետի պես մենակ մնացած: Բոլոր հարազատները նահատակվել են...

– Բոյով, բուսաթով Անթառամի նման ի, կասես հալալ

քուր էլնեն, բայց տարիքով փոքր ի ու շեկ գույն ունի, և բնությունով էլ քեզի ի նման։ Աստված էնպես ի կամեցեր, որ դու ու Նուբար իրար հանդիպեք...

Նահապետի համար ամեն ինչ պարզ էր այն պահից, երբ քրոջը ողջ առողջ տեսավ։ Հիմա նա կարծես չէր լսում Ափրոյին և մտքեր ով տարված՝ ծխում էր։

Իսկ Ափրոն շարունակում է.

– Ինչպես որ քամին ու փոթորիկ կուգային, Արտամետի խնձորների ծաղիկ ու կանաչ պտուղ կթափեին, ճյուղքեր կկոտրտեին, բայց մյուս տարի ծառեր դարձյալ կծաղկեին ու խնձոր կիտային, էղպես էլ դու պարտական պիտի էլնես, որ ծաղկես, պտուղ տաս։ Արտամետի այգիներ պետք չի՛, որ չորանան...

Այդ ժամանակ Անթառամը Նուբարի տանը նստել, նրան խնդրում էր, որ գա այսօր օգնի իրեն՝ խմոր անեն, վաղը պիտի հաց թխի։ Նուբարը վեր կացավ, սուս ու փուս, հնամաշ շալը կապեց գլխին, հնացած չուստերը հագավ ու Անթառամի հետ դուրս եկան։ Ճանապարհին նա միայն գլխի շարժում ներով էր պատասխանում Անթառամին, կարծես համր լիներ։ Բարձր էր հասակով, շեկ էր, աչքերը կապտավուն, որ միշտ վախեցած, խրտնած երինջի հայացքով էին նայում մարդկանց ու աշխարհին։ Մինչև ներս մտնելը նա հավատում էր, որ իսկապես Անթառամը օգնելու համար է կանչել իրեն։ Երբ շեմից ոտքը ներս գցեց ու Ափրոյի հետ բարձերին թիկնած տեսավ անծանոթ տղամարդուն, հայացքն այդ տղամարդու վրա ընկավ թե չէ, ամեն ինչ հասկացավ ու մարմնով սառը մի դող անցավ... . Տղամարդն այնքան նման էր Անթառամին, որ դրսում էլ եթե պատահաբար Նուբարը տեսներ, կիմանար, որ նրա եղբայրն է։

Մեխվել, կանգնել էր տեղում, հայացքը շուռ տված պատի կողմը։

– Արի՛, Նուբար քույրիկ, արի՛, մի՛ ամչնա։ Մեր հուրն օտար չի, Անթառամի ու իմ ախպերն ի...

Նախապետն էլ միայն մի րոպե նայեց այդ կնոջն ու հայացքը գցեց գետնին փռված խսիրին:

– Դուք մի քիչ գնացեք, ման եկեք, մենք խմոր պիտի անենք,– ասաց Անթառամն՝ անհարմար դրությունից դուրս գալու համար,– Նուբար իկեր ի, որ ընձի օգնի...

– Է՛, որ էդպես ի, դուրս երթանք, Նախապետ,– ասաց Ափրոն:

Նուբարը փոքր աղջկա նման ամոթից իրեն կորցրել էր, քիչ էր մնում թաքնվի Անթառամի թիկունքում: Տղամարդիկ գնացին դուրս: Անթառամի համար այդքան էլ բավական էր, որ նրանք իրար տեսան, թեկուզ մի րոպե: Այնուամենայնիվ նա մեծ, փայտե տաշտը դրեց թոնրի մոտ, ալյուրը բերեց: Պետք է խմոր անեին:

Մյուս օր արդեն այդ գյուղում բոլորն իմացան, որ Ափրոն ու Անթառամն այրի Նուբարին պիտի պսակեն Անթառամի եղբոր՝ արտամետցի Նախապետի հետ:

Լուրը լսեց նաև արտամետցի խելագարված ծերունի Հակոբը, որ ապրում էր այդ գյուղում, երբեմն հանդարտվելով, երբեմն մոլեգնած.

– Իյա՛, Նախապետ սա՞ղ ի,– հարցրեց նա գյուղամիջում այդ մասին խոսողներին,– Սերոբի ու Հայրոյի ախպեր Նախապե՞տ... Շուն շան որդիք, սուտ կասեք, Նախապետ իմ սանիկ էր, վաղուց մեռեր ի, մարմին ծովու ձկներ կերիր են, հոգին հայր Աբրահամու գիրկն ի... Նախապետ չկա՛...

Մահակը ձեռքին, ծերունին գնաց դեպի Ափրոյի տունը:

– Նախապե՛տ, Նախապե՛տ: Իմ ազիզ սանիկ հարություն ի առեր, երկնքեն իջեր ի երկիր... երթամ Ափրոյի մոտ տիսնամ Նախապետին...

Խոսելով գնում էր ու ապա, կանգ առնելով, ինքն իրեն հարցնում էր:

– Ճշմարի՞տ ի: Վայ թե ճշմարիտ ի: Որ ճշմարիտ ի, էրթամ Արտամետի խնձորի կուտ տամ, տանի փրկի Արտամետի խնձոր:

Շոշափեց փոքրիկ տոպրակը, որ պահում էր ծոցում:

Նրա մեջ Արտամետի խնձորի կտեր էր պահում ու ամեն արտամետցու հանդիպելիս, տողրակից երկյուղածությամբ հանում էր երկու կուտ ու պարզում նրան:

– Տար, Արտամետի խնձոր փրկի...

Տողրակը ծոցումն էր: Մահակը թափահարելով, կրկին սկսեց բարձրաձայն խոսել ինքն իր հետ, գնաց Ափրոյի տան կողմը, դեռ հեռվից կանչելով.

– Նահապե՛տ, Նահապե՛տ, կուզամ, որ քեզի տանեմ էջմիածին, կնքենք, մեռոն քսենք քու ճակատ... Ափրո , Անթառա՛մ, իմ սանիկ ո՞ւր ի... իմ սանիկ ի՞նչ կուզի՝ հույս, հավատ և մկրտություն կուզի իմ սանիկ...

Նա, իսկապես, Նահապետի քավորն էր եղել: Քսանհինգ տարեկան էր, որ գրկել էր Նահապետին նրա մկրտության օրը, և անունն ինքն էր կնքել Նահապետ:

Նահապետը չիբուխը հանեց բերնից ու ականջ դրեց դրսից եկող ձայնին: Խոպոտ, ծերունական այդ կանչերը ծանոթ թվացին նրան: Մարմինը փշաքաղվում էր: Սիրտն սկսեց արագ խփել:

– էդ ո՞վ ի, իմ անուն կուտա, ընձի կկանչի,– հարարեց նա՝ ուղիղ նայելով Ափրոյի աչքերին: Մինչ այդ րոպեն նրան չէին ասել, որ իր քավոր Հակոբն ապրամ է: Չէին ասել, որովհետև պիտի ասեին նաև, որ նա խելագարվել է: Իսկ դա ի՞նչ hաճելի՛ բան էր, որ հայտնեին նրան քույրն ու փեսան, երբ վախենում էին, թե Նահապետին էլ մի այդպիսի դժբախտություն կարող է պատահել: Հիմա այլևս չէին կարող թաքուն պահել:

– Ո՞վ ի,– հարցրեց կրկին Նահապետը:

– Քու քավոր Հակոբն ի: Աստված պատժեր ի...

Նահապետը գունատվեց: Վեր կացավ տեղից, չիբուխը դրեց գոտու մեջ:

– Սանի՛կ Նահապետ, իկեր ես, քու քավոր չե՞ս ուզե տիսնաս, բեբախտ սանիկ, ուրացող, դավաճան Նահապետ...

Նահապետը դուրս եկավ: Շեմի վրա կանգնած էր ցնցոտիներ ու պատառոտված չարուխներ հագած, զզզված մազերով, ակնակապիճներից դուրս ցցված, սարսափելի աչքերով մի ծերունի: Առաջին րոպեին թվաց թե անծանոթ, դժբախտ, անտեր մի մարդ է, այլանդակ կերպարանքով մի մուրացկան: Ծերունին նույնպես քարացած նայում էր նրան:

– Նահապե՛տ, սանի՛կ...

Նահապետն ամբողջ մարմնով դողաց... Կնքահայր Հակոբն էր այդպես այլանդակված կանգնել իր դիմաց: Նա էր իր անունը տալիս, նրա ձայնն էր դա: Լա՞ց էր այդ ձայնը, թե աղաչանք: Նահապետը երկու ձեռքով աչքերը փակեց: Ափրոն ու Անթառամը տեսնում էին, թե ինչպես ցնցվում է նրա նիհար մարմինը...

– Նահապե՛տ, սանի՛կ, իկիր եմ, որ քո հարսնիս անեմ...

Ափրոն ներս հրավիրեց ծերունուն:

– Երթանք տուն, Հակոբ հայրիկ, համեցե՛ք, նե՛րս արի...

– Ներս չեմ գա, իմ տուն դուրսն ի, իմ հառիք երկինքն ի... Ներս որ գամ, ընձի կխեղդեք դուք, ձեր միտք կիասկնամ: Ես իկեր եմ իմ սանիկ տիսնամ... Նահապետ, քու աչքեր բաց, տիսնամ դո՞ւ ես, թե սուտ ի կասեն... Նահապետն ի... մատաղ էլնիմ քու աչքերուն, սանիկ...

Ծոցից հանեց իր տոպրակը, նրա միջից դողդողացող ձեռքով խնձորի մի քանի կուտ հանեց, դողդողացող ձեռքով պարզեց Նահապետին.

– Ա՛ռ, Նահապետ, տար փրկի Արտամետի խնձոր... Թուրքեր կացիններ առեր են, կկտրուեն մեր խնձորի ծառեր... արուն կիզա արմատներից, կուլան ծառեր, կմեռնեն ճյուղքեր, փրկի էնոնց կյանք, Նահապետ... Հույս քու վրա ի մնացեր... Առ էսա կուտեր, տա՛ր, փրկի՛

Նահապետը զույգ ձեռքերը պարզեց, բռնեց իր քավորի ծերացած թաթերն ու կռացավ, համբուրեց այդ չոր թաթերը: Ու առաջին անգամ իր կյանքում ուրիշների ներկայությամբ փղձկաց: Հոնգուր-հոնգուր, վիրավորված երեխայի նման լաց էր լինում, խելագարված Հակոբի ձեռքերը մեկ իր շուրթերին, մեկ աչքերին սեղմելով:

Դժբախտ ծերունին կարծես այդ վայրկյաններին ուշքի

եկավ, սթափվեց: Աջ ձեռքն ազատելով Նահապետի ձեռքերից, գրկեց նրա գլուխը, սեղմեց կրծքին ու մրմնջաց...

– Մի լա, մատաղ էլնեմ քեզի, Նահապե՛տ, քեզի մի՛ տանջի, հեյրան:

Ափրոն, Անթառամը, Նորայրն ու մոտիկ հարևանները զարմանքից քարացել էին: Խելագար ծերունին բաց չէր թողնում Նահապետի գլուխն ու խոսում էր՝ ցածրաձայն, խելամիտ, մտերմիկ շեշտով:

– Անցածն անցեր ի արդեն, սուգ ու շիվան, լաց ու կոծ պրծիր են: Գնա քու տուն հիմա, Նահապետ: Գնա, խնձորի ծառ տնկի, շուտ-շուտ ջրի, որ չծարավնան, ապրեն, մեծանան, բազմանան հուր հավիտյան...

Վերջին բառերն արտասանելուց հետո գլուխը գետնին խոնարհեց, երկար այդպես լուռ մնաց ու հանկարծ շուռ գալով գնաց դեպի հարթավայրը: Քայլում էր աշխույժ, արագ, մահակով խփելով ճամփեզրի խճերին: Արդեն բավականին հեռացել էր, որ ետ դարձավ ու կանչեց.

– Կերթամ սուրբ Էջմիածին, աղոթեմ նահատակներաց հոգու համար... Չմոռանաս ծառեր ջրես, Նահապե՛տ...

Դարձյալ շուռ եկավ ու քայլերն ավելի արագացնելով գնաց, ու այս անգամ այլևս ետ չնայեց: Հեռվում, հարթության մեջ երևում էին էջմիածնի վանքերը: Նրանցից այն կողմ Արարատներն էին կանգնած՝ սպիտակ գլուխները անամպ, կապույտ երկնքի խորքում:

Նահապետն այնքան նայեց այն կողմը, մինչև քավոր Հակոբի կերպարանքը կորավ տեսողությունից: Ներս եկան, հացի նստեցին: Ոչ մի պատառ բերանը դնել չկարողացավ: Քավոր Հակոբը չէր հեռանում նրա աչքերի առաջից: Զույգ ձեռքով աչքերը փակելով տեսնում էր նրան մեկ ծովափի իր խնձորի այգում, ձեռքերը մեջքին դրած զբոսնելիս, մեկ գորգերի վրա նստել, Շամզիրանի թութուն էր ծխում, մյուս ձեռքին քյահրուբարի թզբեհը, մեկ՝ շուրջպարի գլխին, գույնզգույն թաշկինակը թափահարելով, ծանր պարում է, իր ետևից նառ ուղտի նման տանելով պարողների շարանը: Գյուղի ավագն էր, բոլորի հայրն ու բոլորի մեծը:

Բարի մարդ էր, բոլորի հետ լաց էր լինում ու բոլորի հետ ուրախանում: Նորածիններին մկրտող քավոր էր, պսակվողների գլխին՝ խաչ բռնող, դարիբության գնացողին բարի ճանապարհ, վերադարձողին առաջինը բարի գալուստ մաղթող էր: Փորձանքի հանդիպածին օգնության էր հասնում, հաջողության համար ուրախանում էր: Վատերից իրեն հեռու էր պահում, լավերին կանչում էր իր սեղանի ու սուփրի մոտ: Ու հիմա՞...

– Նահապետ, մի կտոր հաց դիր քու բերան, էդպես չէլնի,– խնդրում էր Անթառամն ու բարկացած նայում էր Ափրոյին: Ինչպես Ափրոն չկարողացավ Նահապետին հեռու պահել քավոր Հակոբին հանդիպելուց: Ինքը գիտեր, որ եթե Նահապետն իր քավորոջ տեսնի, «կմալուլի, մազդեն կփախնի: Նահապետի սիրտ շատ փափուկ ի, ինչե՛ր չի տիսեր Նահապետի խեղճ, տանջված սիրտ»...

Խմբով նստել էին թոնրի քուրսու շուրջը և ամեն մեկը նույն բաների մասին էր մտածում, ավերված վաթանի, կորած հարազատների, և Հակոբի, խելագարված Հակոբ ծերունու մասին, որ դարձյալ գնաց Էջմիածին, «նահատակներաց հոգու համար» աղոթելու: Հաճախ էր Արագածի լանջերից իջնում հարթավայրը, գնում Էջմիածնի կողմերը, մեկ-երկու, երբեմն երեք շաբաթով: Ու վերադառնում էր զվարթացած, աշխույժ, ուրախ: Հաստատ հավատացած էր լինում, որ իր աղոթքները մայր տաճարից երկինք են հասել, որ, «նահատակներաց հոգիներ պիտի դրախտ գնան»...

– Նահապետին ու Նուբարին ճամփու դիր, թող երթան, բավական ի էստեղ մնա, սիրտ տրորվի,– ասաց Անթառամն Ափրոյին,– էսօր վաղ, որ քավոր Հակոբ Էջմիածնեն դառնա, լավ չէլնի...

Երկու օր էլ Նահապետը մնաց այդ գյուղում: Տնից դուրս էր գալիս, իջնում էր գյուղի մոտի ժայռեղեն ափերով խոր ձորը, այնտեղ նստում էր հին մատուռի առջև, մամռոտ քարերի վրա ու ծխում էր: Կամ Ափրոյի հետ միասին մարգեր էր շինում նրա այգում, բաժակներ էր սարքում ջահել խնձորենիների բների շուրջը, նայում էր հանդիպակաց սարերին, կապույտ, թափանցիկ, մշուշով լցված դաշտավայրին:

Այդ երկու օրվա ընթացքում անընդհատ նրա ականջին հնչում էր քավոր Հակոբի ծերունական, զարզանդ ազդող ձայնը, լսում էր նրա խոսքերը:

Ջրի մատուռի մոտից կամ պարտեզից տուն էր գալիս, Ափրոյի ու Նորայրի հետ հացի էր նստում: Անթառամն ստիպում էր, որ Նուբարն էլ գա իրենց տունը հացի: Նուբարն ամաչում էր տղամարդկանց հետ սուփրայի շուրջը նստել: Երեք օր էր, որ Ափրոյի տանն էր նա, բայց Նահապետը դեռ նրա ձայնը չէր լսել: Գիշերը Անթառամն ու նա զնում, նրա տանն էին քնում Նորայրի հետ, առավոտ մութ-լուսին վերադառնում էին: Նահապետն ու Ափրոն էլ իրար հետ էին քնում թոնրի շրթին:

– Դե, Նահապետ ջան, լուսուն կանուխ ճամփա կէլնեք Նուբարի հետ,– ասաց Անթառամը երեկոյան,– Ափրոն սել ի ճարեր, կնստեք սել, կերթաք...

Նահապետը համաձայնություն հայտնեց գլխի ծանր ու դանդաղ շարժումով: Նուբարը, ձեռքերը կրծքին խաչած, կանգնել էր Անթառամի կողքին: Բարակ ու բարձր, շիկավուն դեմքով, կապույտ աչքերով, կեռ քթով: Այքերը կարծես միշտ լի էին արցունքով, որ միշտ մի առիթի էին սպասում թափվելու:

Ափրոն ու Նորայրը տանը լէին:

– Իմ ազիզ ախպեր քեզի ամանաթ կուտամ, Նուբար,– ասաց Անթառամը՝ Նուբարին գրկելով,– Նահապետի հոգին շատ ի տանջվեր: Դու նմանապես հոգով մարմնով տանջվեր ես, զառ ջան, հույս ունեմ, որ իրար սիրտ ու հոգին լավ կիասկնաք...

Նուբարը գլուխը կախել էր կրծքին ու հնազանդ լսում էր Անթառամին:

Դրսից Ափրոն կանչեց կնոջը: Անթառամը գնաց:

Նահապետն ու Նուբարը տան մեջ մնացին մենակ: Երկուսն էլ շփոթվեցին: Նահապետը հիշեց, թե ինչպես առաջին անգամ մենակ մնացին Մանուշակի հետ յոթ-օր, յոթ գիշերվա հարսանիքից հետո, ինչպես ինքը գրկեց նրա գալար մեջքը, համբուրեց թուխ այքերը, երդում կերավ, որ հուր հավիտյան կսիրի, մինչև գերեզման ծաղկի պես կպահի: Հիմա ի՞նչ խոսք ասի էս խեղճ Նուբարին, որ քարի պես լուռ կանգնել է թոնրատան մեջտեղում: Երեսուն տարի առաջ սեր կար, սիրտ կար, լեզու ուներ, հույս կար: Հիմի ի՞նչ է մնացել, որ ի՞նչ ասի: Երկուսն էլ դժբախտ են, երկուսն էլ մենակ, երկուսն էլ մեղք են:

– Նստի , Նուբար,– շշնջաց նա,– նստի, ինչո՞ւ ես կայներ, նստի, մի ամչնա, միգուցե մեր ճակատագիր ու բախտ էս ի. Աստված որ էսպես ի կամեցեր, մեր պարտքն ի, որ ենթարկվենք, հակառակ չէլնենք: Նստի, Նուբար...

Տեղից վեր կացավ, ձեռք տվեց:

– Նստի, Նուբար... Երկու խեղճ հոգին որ իրար կողքի էլնեն, կթեթևնան, ճշմարի՛տ...

Ենթարկվելով նրան, Նուբարը հանդարտ նստեց.

– Աշխրքով ի, մենակ մեզնով չի,– ասաց Նահապետը, նստելով Նուբարի կողքին,– թուրք կասի, գեթտի գյուլ, գեթտի բյուլբյուլ, իսթար աղլա, իսթար դյուլ [2] : Թուրքն անիծած, խոսքն օրշնած: Իր խոսք ճշմարիտ ի, բայց իր հոգին կեղծ ի, գործն ստոր ի: Վարդն էլ ի անցեր գնացեր, բիլբուլն էլ: Որ լաց էլնենք, մեր գլուխ ծեծենք, ետ չեն գա: Աշխրքով ի, մենակ մեզնով չի...

Ներս գալով, Անթառամն ուրախ զարմանքով տեսավ Նուբարին ու իր եղբորը՝ կողք կողքի նստած: Մեխվեց իր տեղում ու գոգնոցի փեշով սրբեց արցունքները.

– Փա՛ռք քեզի, աստված, քո[ղ] բարություն առատ ի, ծով ի...

Նուբարը շփոթված, արագ ոտքի կանգնեց, ձեռքերը դարձյալ խաչելով կրծքին ու գլուխը խոնարհելով ցած:

---

[2] Գնաց վարդը, գնաց սոխակը, ուզում ես լաց եղիր, ուզում ես՝ ծիծաղիր:

Անթառամը մոտեցավ, նրա ձեռքերն իրարից զատեց, քնքշաբար ծնոտը բռնելով, գլուխը բարձրացրեց վեր:

– Քու ձեռքեր էլ մի խաչի քու դոշին, Նուբար, քու գլուխ մի կախի: Դու ազվոր չես, անտեր չես, դու գլխավոր ունես, Նուբար...

Նահապետը գլուխը թեթև շարժելով հավանություն էր տալիս քրոջ ասածներին և ապա խուքով էլ հաստատեց իր վերաբերմունքը:

– Ճշմարիտ ի, Անթառամ, Ճշմարիտ կասի, Նուբար...

Ջ

Աստղերը դեռ չխամրած, Ափրոն զույգ ջահել եզները լծեց փոքրիկ, երկակնանի սայլին, մի երկու խուրձ խոտ դրեց սայլի վրա, Նուբարի մանր-մունր իրերի կողքին և հրավիրեց Նահապետին ու Նուբարին նստելու:

Անթառամը գրկեց, համբուրեց Նահապետին, հետո Նուբարին ու մի անգամ էլ կրկնեց.

– Իմ ախպեր քեզի ամանաթ, Նուբար ջան, մատաղ էլնեմ քո հոգուն...

Նահապետն ու Նուբարը նստեցին խոտի վրա, իրար կողքի ու Ափրոն առջևում տեղավորվելով, փափուկ վարոցով խփեց եզների գեր գավակներին.

– Հո՛ բալա՛, հո՛, երթա՛նք...

Եզները՝ գիշերը հանգստացած, կուշտ կերած, ուրախ՝ սայլը թռցրին իրենց ետևից:

Անթառամն ու Նորայրը կանգնած նայում էին: Արագածի վերին լանջերից ներքև սուլում էր վաղորդայնի ցուրտ քամին, արևելքն սկսում էր կարմրել: Դեռ Երկար ժամանակ լսվում էին անիվների զրնգոցները ճանապարհի սալերի վրա:

Գյուղից դուրս գալով՝ Ափրոն վարոցը տվեց Նահապետին ու ցած իջավ սայլից.

– Դե՛, գնացեք, Նահապետ, ձեր միություն՝ հաստատ, ձեր ճանապարհ՝ բարի էլնի... Էսօր, վաղ, մեկել օր գործեր ունեմ ես: Էն մյուս օր կիգամ սելի ու եզների ետևեն: Գնացեք, ճամփեն բարի էլնի, ամե՛ն...

Նահապետը վարոցը ճոճեց օդում: Եզները կրկին թոցրին սայլն իր բեռով:

Նուբարը, մի հին շալով փաթաթված, լուռ նստել էր խոտի վրա ու նայում էր հեռուն: Սարերի գագաթներին խաղում էին արևի ցոլքերը, դաշտերը դեռ ստվերի մեջ էին: Նուբարին թվում էր, թե երազ է տեսնում, թե ամուսինը սայլով ուխտ է տանում իրեն սուրբ Կարապետի վանքը: Առաջին երեխան որ մեռավ, մատաղ խոստացան Մշու Սուլթան սուրբ Կարապետին ու երբ աշունը եկավ, երկու գառան ոտքերը կապեցին, դրին սայլի վրա ու լուսան շուտ շարժվեցին Մշու կողմ... Ինքն այսպես նստել էր սայլին, իր աջ ու ձախ կողքին՝ երկու գառները, որ մեկ-մեկ տնքում, մայում էին, և Նուբարը շոյում էր նրանց գլուխներն ու աչքերը: Մուշեղը վարոցը ճոճում էր օդում, բայց չէր խփում եզներին, որ առանց վարոցի էլ արագ էին գնում: Նուբարը Մուշեղի մեջքն էր տեսնում, նրա ամուր ուսերը, լիքը ծոծրակը: Իսկ նա ինչ-որ երգ էր դնդնում քթի տակ ու խոսում էր Նուբարի հետ:

– Որ մեր ուխտ ընդունելի էլնի, Նուբար ջան, երեխով մնաս, մե թառլան տղա բերես, քեզի մախմուրե դերյա կառնեմ, կերթամ Ստամբոլ, կդատեմ, կբանեմ քո համար, ետ կիգամ փողով, բարաքեթով, որ դու խանմի պես ապրես: Իմ կյանք, իմ ուժ ու իմ վաստակ քոնն ի, Նուբար, իմ սեր, իմ ապավեն դու ես, աշխրիքի վրեն էլ ուրիշ ուրախություն ու հույս չունեմ...

Խոսում էր այդպես Մուշեղը: Եզներն աշխույժ գնում էին, իսկ Նուբարի սիրտն ուրախությունից խփում էր արագ-արագ. թող երեխով մնա, մի տղա պարգևի Մուշեղին, ուրիշ բան աստծուց չի խնդրում, ոչ մախմուրե շորեր, ո՛չ մեղր ու կարագ: Թող հագածը հին չիթ լինի, կերածը փոխինդ ու շորվա,

Մուշեղին էլ ոչ մի տեղ չի թողնի գնալու, ոչ Մուշ ու Բիթլիս, ոչ Արզրում ու Ստամբոլ: Մուշեղը քշում էր եզներին ու քթի տակ էլի դնդնում:

Երթամ Ստամբոլ, դատեմ փարա բոլ՝
Իմ յարոջ համար առնեմ ջուխտ ըմ սոլ...

– Նուբար,– հարցրեց Մուշեղը,– մեր ուխտ անպատճառ ընդունելի կէլնի, լավ երազ եմ տեսեր...

Ինչ սիրուն երազ էր տեսել Մուշեղը իր ու Նուբարի վրա: Սայլի դողերը զնգում էին՝ ճանապարհի քարերին կպչելով, և Մուշեղն իր երազն էր պատմում Նուբարին: Հեռվում շողշողում էր Սիփան սարը, աջ կողմում Վանա ծովն էր ուրախ ճողփյունով խփում իր ափերի բարձր, ավազե փլերին. . . Շիկավուն, թափանցիկ կոպերը գոցում էր Նուբարը, և նրան թվում էր, թե ուխտ են գնում, առջևում նստած է Մուշեղը, աջ ու ձախ կողմերում սայլին պառկած թեթև տնքում էին մատաղի գառները, ու խշշում, ճողփում, ափերին է խփում Վանա ծովը...

Նուբարի աչքերի առաջ բոցեր խայտացին: Արևի շողքերն էին ընկել Նահապետի թիկունքին: Նահապետը ետ նայեց Նուբարին: Այս անգամ նրա դեմքը բռնկվեց շիկավուն բոցերով:

– Ցուրտ ի, Նուբար, կմրսես...

Ի՜նչ բարի դեմք ուներ այդ րոպեին Նահապետը: Բարի էին աչքերը, բարի էր ձայնը:

Հանեց մաշված, հին պիջակը.

– Գցի քո մեջքին, Նուբա՛ր, պաղ քամի կուզա սարեն...

– Չէ՛, ես չեմ մրսի,– ամաչելով պատասխանեց Նուբարը, ձեռքերով ետ հրելով պիջակը,– ես չեմ մրսի, դու կմրսես...

Բայց Նահապետն առաջ եկավ, պիջակը գցեց նրա մեջքին ու շուռ եկավ, վարոցը ճոճեց օդում:

– Հո՜, հո՜, եզ ջան, երթանք, ճամփեն երկեն ի...

Հիմա դարձյալ մեջքը Նուբարի կողմը շրջած,

Նահապետն ավելի նիհար էր թվում, ավելի ջահել: Արևը խաղում էր նրանց մեջքերին, տաքացնում էր երկուսին էլ:

– Ի՜նչ արդար օր ի, Նուբար,– ասաց Նահապետը՝ կապույտ երկնքին նայելով ու, մի պահ լռելով, ավելացրեց,– աստված բարի աչքով կնայի մեզի, աստծու սիրտն էլ գութ ի ընկեր էսօր...

Նուբարը լսում էր ու չէր պատասխանում: Ավելի ու ավելի բարի էր թվում նրան Նահապետը, հոր պես մեղմ, հոր նման բարի: Մուշեղն էլ այդպես բարի էր նրա հետ՝ բայց նա ուրիշ էր, Նահապետն՝ ուրիշ: Մուշեղը հոր պես չէր, եղբոր նման էր: Եվ դեմքով էլ նման էր Նուբարի եղբորը: Իրար կողքի որ քայլում էին Վանա միջով, տեսնողները կարծում էին, թե քույր ու եղբայր են:

Խե՜ղճ Մուշեղ: Մուրազ ուներ, որ տղա որդի ծնվի: Ծնվեց: Անունը Կորյուն դրեց: Իմ լաճ,– ասում էր,– առյուծ պիտի դառնա: Ու երկու տարեկան էլ չկար Կորյունը, որ մի իրիկուն հիվանդացավ, լույսը դեռ չէր բացվել, մեռավ: Մուշեղը չիմացավ իր Կորյունի մահը: Լավ էր որ չիմացավ: Պաշարված Վանի պաշտպանների հետ կռվում էր դիրքերի վրա, իսկ Նուբարը գյուղերից Վան փախած գաղթականների հետ քյահրեզների մոտ էր: Կորյունը մեռավ, լաց ու կոծ արին, թաղեցին, երեք օր չանցած, զինվորները դիրքերի կողմից Մուշեղի դիակը բերեցին...

Նահապետը մեկ էլ շուռ եկավ նայեց Նուբարին ու հանկարծակիի եկավ: Նուբարը գոգնոցով արցունքներն էր սրբում.

– Նուբար, կուլա՞ս: Ինչի՞ կուլաս, Նուբա՛ր,– դողացող ձայնով հարցրեց Նահապետը:

Նուբարը հիմա գոգնոցով ծածկել էր դեմքը: «Կորսուցած կիշի,– մտածեց Նահապետը,– սրտի վերքն ի բացվեր քամու առեջ, սրտեն արուն կուգա: Խեղճ ի: Բայց ո՞վ խեղճ չի էս չար աշխրքի վրեն: Լաց ու կոծ չօգնի»...

Այդպես մտածելով՝ նա կրկնեց նույն խոսքերը Նուբարի համար:

– Լաց ու կոծ չօգնի, Նուբա՛ր, անցած անցեր ի, անցածն անցյալ ի, ետ չի գա... Մարդու արցունքն էլ աղի ի, յարեն ավելի շատ կմրմռցնի... Մի՛ լա, Նուբար...

Բայց այդ խոսքերից Նուբարը ավելի զգացվեց: Ցնցվում էր ամբողջ մարմնով, գոգնոցը չհեռացնելով աչքերից:

– Կուզե՞ս, Նուբա՛ր, սել թող կայնի, նստենք իրար հետ մինչև իրիկուն լանք ու լանք, մեր գլուխ ծեծենք... Ի՞նչ կառնենք աշխարքեն, ի՞նչ կշահենք... Էն մեծ-մեծ, պետ-պետ քարեր կտխնաս, աշխարհք էդպես ժեռ քար ի, քու արցունքներից չի կակղի...

Նուբարը սրբեց արցունքներն, ու գոգնոցը ետ տանելով այքերից՝ նայեց հեռու սարերի կողմը: Դեմքը տխուր էր, աչքերը դեռ թաց էին արցունքով: Եզները քայլում էին դանդաղ, կարծես մտածկոտ, տխրած: Դաշտից ցրվում էր առավոտյան կապույտ մշուշը: Երկիրը ողողված էր արևի շողքերով, հարթավայրերն ու լեռնալանջերը, հող ու քար տաքացել էին:

Նահապետը գլուխը ներքև հակած, մտածում էր: Չլինի՞ թե Նուբարը զղջացել է, որ համաձայնեց, եկավ իր հետ, գուցե...

– Քշի սել, Նահապետ, եզներ կայներ են,– շշնջաց Նուբարը, առաջին անգամ Նահապետի անունը տալով և առաջին անգամ արցունքներով լի, կապույտ, խոշոր իր աչքերով նայեց Նահապետի աչքերին:

Նահապետը վարոցը ճոճեց իր գլխավերևում ու հարվածը պահեց օդում, չխփեց եզներին, ինչպես Մուշեղն էր անում, երբ Նուբարին տանում էր Մուշ Առաքելոց վանքն ուխտի: Եզները սթափվեցին, աշխուժացան ու վազեցին առաջ: Հիմա Նահապետի հոգում ոչ մի կասկած ու տարակուսանք չկար. «Զիզյարով կնիկ ի,– մտածում էր նա Նուբարի մասին,– որ իր սեր չմոռնա, հոգով հավատարիմ կմնա, ազնիվ ի, սիրտ մաքուր ի, հալալ կաթնակեր ի»...

Նա էլ հիշեց Մանուշակին: Բոյով բուսաթով Նուբարի պես էր, բայց առավել սիրուն էր, որովհետև ջահել էր «ամեն աչք մի արեգակ էր: Որ կխոսեր, աղբյուրի ձեն կլսեիր, որ կքելեր, զով ու հով կիտար քեզի»... Պատրանքն այնքան հստակ, այնքան պարզ էր դառնում, որ թվում էր, թե իր թիկունքի մոտ նստել է Մանուշակը՝ Ժիրայրին ու Հրայրին գիրկն առած: Երեխաները փակել են աչքերը, արևի շողքերն ընկել են նրանց դեմքերին: Հետո աղունիկների պես գուղգուղում են երեխաները, և Մանուշակը կուրծքը բացում է, ծիծ է տալիս երկուսին էլ ու Նահապետին խնդրում է.

– Քշի սել, Նահապետ, էս կողմ չդառնաս...

Գնում են Արծկեի փոքրիկ լճի ու Վանա ծովի արանքով: Կղկղում են ծովի ափերից թռչող արոսները, կիվիվները սայլի առաջ կանգնում են օդի մեջ, փոփռացնում են թևերը, խոր երկնքով կռունկները երամ-երամ գնում են տաք երկրների կողմերը՝ Բաղդադ ու Հալեբ, Մըսրա Մալըքների երկրները: Նահապետը Մանուշակին Արտամետից իր տունն է տանում: Սայլի վրա սակառներով խնձոր է դրված, երկու կողմի սուր ցցերից էլ խնձորով լիքը մի-մի զամբյուղ են կախել: Խնձորի հոտը նրանց հետ ծովի ափերով, ծաղկած մարգագետիններով, ձորերով ու երփներանգ սարալանջերով Արտամետից Արծկե է գնում: Խնձորի՞ հոտ է դա, թե Մանուշակի հոտը: Մանուշակից միշտ, միշտ խնձորի հոտ էր գալիս, նրա շորերից ու ձեռքերից, նրա թևերից ու անկողնուց, գարուն, ամառ, աշուն, ձմեռ, միշտ խնձորի հոտ էր գալիս Մանուշակից, երեխաներից, իրենց տնից խնձորի բույր էր շնչում Նահապետը: Իր երիտասարդության օրերի բույրե՞րն էին այդպես մնացել նրա հիշողության մեջ, թե իսկապես միշտ խնձորներ էին բուրել նրա համար, նրա հոգու մեջ... «Մանուշակ հրեշտակ էր խոսեց նա ինքն իր հոգու հետ,– հրեշտակ էր Մանուշակ, համբարձվեց երկինք և իր հետ տարավ անմեղ ճժերաց: Ողորմի քեզի, Մանուշակ, հազար ողորմի: Եթե հիմի երկնքից կնայես ընձի, կտիհնաս՝ թողություն արա, Մանուշակ: Եվ խեղճ Նուբար նույնպես մեղք չունի,- բարի մարդերաց ու աստծու կամքով ի մեր շարժմունք, և անբախտ Նուբարին նմանապես թողների քո սուրբ հոգին, Մանուշակ...»:

Նահապետն աղոթում էր։ Նուբարը լսում էր նրա մրմունջները։ Օդի մեջ երգում էին արտույտները, ճանապարհի երկու կողմերից լսում էին ծղրիդների ճռռոցները։ Եզները գնում էին ոչ շտապելով, ոչ էլ դանդաղ։ Քայլում էին հանդարտ, գլուխները լծերի տակ բարձր պահած, հպարտ։ Կարծես զգում էին, որ կարևոր, շատ կարևոր մի գործ են կատարում այսօր։

Գնում էին արևելքից արևմուտք, միշտ Արագածի փեշերով։ Արևը հիմա նայում էր նրանց ձախ կողմից։ Վերևից զով քամին չէր փչում այլևս։ Երկիրը տաքացել էր։ Մոտենում էին Թալիշի ձորաբերանի այգիներին։

– Չկանգնե՞նք էստեղ, Նուբար։ Մենք՝ մի քիչ հաց, եզներն էլ մի քիչ խոտ ուտեն, դադրիր են, հանգստանան... Ի՞նչ կասես...

Նուբարը ցնցեց ուսերն ու շշնջաց.

– Դու գիտես, Նահապետ...

Նահապետի սև, խորունակ աչքերը թեթև ժպտացին։

– Կանգնենք... հո՛, հո՛, եզնե՛ր, կանգնե՛նք, բաբո...

Եզները հնազանդ կանգնեցին։ Նահապետը ցած իջավ։

– Իմ ձեռք բռնի, Նուբար, իջի...

Նուբարը ձեռքերը հենեց նրա ձեռքերին ու հանդարտ, թեթև, փոքրիկ սայլից թռավ գետնին։

Նահապետը եզներն էր արձակում. Նուբարը սայլից իջեցրեց մի խուրձ խոտ ու բերեց դրեց նրանց առաջ։ Նայելով Նուբարին՝ Նահապետը մտածեց, «Աստված բոյ ի ավեր, չի խնայեր»։

– Բոխչեն բեր։ Նուբար, բացի, մենք էլ մի քիչ հաց ուտենք...

Նստեցին ձորափին, մեծ մի ընկուզենու տակ, բացեցին կապոցը։ Անթառամը երկու եփած հավ էր դրել, պանիր, լոշ հաց, հինգ -վեց հատ «երկրի կլոճ», խաշած ձվեր։ Նուբարը, բացելով հացերը, հավերը դրեց Նահապետի առաջ ու ձվերն էլ կճպելով, նույնպես նրա առաջ դրեց։ Նահապետը պոկեց մեծ հավի երկու բդերը, պարզեց Նուբարին.

– Կե՛ր, Նուբար...

Նուբարն ամաչեց: Երկրում համեղ պատառները միշտ տղամարդկանց առաջ էին դնում: Հակառակը չէր տեսել:

– Մի՛ ամչնա, Նուբար,– կրկնեց Նահապետը: Այդ խոսքերից Նուբարն ավելի ամաչեց: Այն ժամանակ Նահապետը հավի բուդը վերցրեց, պոկեց վրայի միսը, փաթաթեց լավաշի մեջ ու իր ձեռքով արած բրդուջը պարզեց կնոջը:

– Թե աստված կսիրես, վերցրու, կե՛ր Նուբար...

Նուբարը վերցրեց ու շուռ եկավ, որ Նահապետը չտեսնի, թե ինչպես է ուտում:

– Աշխարքի մեջ հիմի ես եմ քո համար, դու ես՝ իմ համար,– ասաց Նահապետը,– բանենք, դատենք իրար հետ, պախվենք, շախվենք իրար հետ, Նուբար: Էսօրվանից իմ սիրտ քո վրեն պիտի ցավի, քո սիրտ՝ իմ վրեն: Էդպես ի իրականություն: Եվ ջահել չենք, որ մեկս մեկուց ամչնանք...

Մի քիչ թեքված, Նուբարը կամաց ուտում էր Նահապետի տված բրդուջն ու լսում էր միայն:

– Մարդ յոթ հարիր տարի, հազար տարի չապրի,– ասում էր Նահապետը,– ես հիսուներկու տարեկան եմ, ոտ դրեր եմ հիսուներեքի մեջ: Շատ գացեր, քիչն ի մացիր: Գոնե էսօրից հետո դառնություն չտիսնանք, Նուբար...

Փոքրիկ, փոքրիկ բրդուջներ էր անում Նահապետը, մեկն առաջարկում էր Նուբարին, մեկն ինքն էր ուտում, դանդաղ, կարծես առանց հաճույքի, որպես պարտականություն: Ամբողջ ուշադրությամբ իր սեփական խոսքի վրա էր:

– Տես էս զուզի ծառ: Քանի՞ տարեկան կէլնի: Հինգ հարիր: Արմատներ ժեռ քարեր ճղեր են, մտեր են երկրի մեջ: Շատ կայծակ, փոթորիկ ի տեսել, բայց կանգուն ի... Մարդն էլ պիտի էդպես էլնի, Նուբար...

Եզները խոտն ուտելուց հետո նստել էին իրար կողքի ու հանգիստ որոճում էին: Նահապետի հայացքն ընկավ նրանց վրա: Նրանք էլ նայեցին Նահապետի ու Նուբարի կողմը՝ վճիտ, մանուշակագույն փայլ արձակող աչքերով: Ջահել, գեղեցիկ եզներ էին, համարյա արջառներ՝ լի ուժով ու կայտառությամբ: Կարծես սպիտակ ճակատովն ամաչեց, շուռ տվեց գլուխն ու սկսեց լիզել մյուսի կարմրավուն ճակատը: Նրա լեզվի հետքերը նրբին ալիքներով մնում էին եղբոր ճակատին:

– Անասուն որ անասուն ի,– ասաց Նահապետը,– դարձյալ ընկերոջ կարոտ ունի, սեր ու փայփայել կուզի...

Նուբարն էլ նայեց արջառներին:

– Ճամփա ընկնենք,– ասաց Նահապետը երկար լռությունից հետո,– դեռ երկար ի ճամփեն...

Նուբարը սափրան կապեց, հասավ Նահապետին օգնելու, որ եզները լծի: Նահապետը սպիտակ ճակատով արջառի սամթելը կապեց ու գրկելով նրա գլուխը, ամուր համբուրեց երկու մեծ աչքերը:

– Սիրուն անասուն ի...

Արևն արդեն իջել էր լեռների սուր գագաթներին, երբ մոտեցան Նահապետի գյուղին: Թալիշի ձորափին. հանգստանալուց հետո՝ էլի հինգ-վեց ժամ ճանապարհ էին անցել: Հիմա արդեն եզները հոգնել էին: Նահապետն ու Նուբարն էլ էին հոգնել:

Շռայլ գույներով վերջալույսը գրկել էր ողջ աշխարհը: Երկիրը կարծես բոցերով պատած՝ վառվում էր, ու հրացոլքը ծիրանիով պարուրել էր նաև երկինքը՝ հորիզոնից հորիզոն:

– Նուբար, ինչ սիրուն ի արևմտող,– շշնջաց Նահապետը ու ետ նայեց Նուբարին,– ճշմարիտ, որ էսօր արդար օր էր...

Եզները, չգիտես ինչու կանգ առան:

– Արի արձկենք եզներ, Նուբար, թող արածեն: Արդեն հասեր ենք գեղ, արդեն տուն ենք...

Եզները ձգվեցին, ծմրկացին լծերի տակից դուրս գալով, ու իրար կողքի կանգնած մնալով, նույնպես նայում էին հրդեհված արևմուտքին:

Նահապետն ու Նուբարը նստել էին ժայռի վրա ու լուռ նայում էին լեռների ետևում սուզվող արևին: Աստիճանաբար խամրեցին վառման գույները, երկինքը հետզհետե զորշացավ և հանկարծ երկուսով միասին նկատեցին, որ արևելքից իրենց է նայում կիսալուսինը:

– Էրթանք, Նահապետ,– շշնջաց Նուբարը:

– Եզներ մեղք են, դադրեր են,– ասաց Նահապետը,– թող քիչմ էլ արածեն: Տես ինչքա՛ն խորոտ ի լուսնյակ, Նուբար: Նայի, մեր երկրի մեծ, սիրուն լուսնկան ի, որ երկինքեն կիջներ Վանա ծովու մեջ ու ծովու մեջեն երկնքին լուս կուտար...

Այդքան գեղեցկություններ միանգամից վայելելը շատ էր Նահապետի համար: Եվ նա ինքնաբերաբար մի պահ աչքերը փակեց: Աչքերը խփեց ու խնձորի բույր զգաց: Նրան թվաց, թե Նուբարից խնձորի հոտ էր գալիս, Արտամետի խնձորի ծանոթ ու կենդանություն տվող հոտը...

Է

Հասան գյուղ, երբ արդեն ուշ երեկո էր: Բոլորը քնել էին խաղաղ քնով և ամեն տան երդիկից լուսե մի սյուն էր իջել թոնրի վրա: Լուսնյակն էր ներս նայում երկնքից:

Սայլն արձակեցին իրենց տան առաջ: Նահապետը եզները տարավ Մովսեսի թավլայում կապեց, դարման լցրեց առաջներն ու վերադարձավ:

Նուբարը նստել էր օթախում մենակ, լամպի ապակին հանել, շորով սրբում էր: Հետո ասեղով քչփորեց պատրույգը, մի քիչ դուրս քաշեց, բոխչի միջից մկրատ հանեց, պատրույգի վերևի սևացած մասից ուղիղ կտրեց մկրատով ու վառելով ապակին դրեց վրան: «Օթախը» մեկեն լուսավորվեց, կարծես նույնիսկ տաքացավ...

– Տանտիկին դու ես, Նուբար,– ասաց Նահապետը, – տուն-տեղ, ջուլ-փալաս՝ քոնն ի, ես էլ քո աշխատավոր: Կառավարի, ինչպես քո խելք կկտրի...

– Տան գլխավոր դու ես, Նահապետ,– ասաց Նուբարը:

– Փիթակի կառավարիչ մայր մեղուն ի,– պատասխանեց Նահապետը,– ես քո աշխատավորն եմ...

– Դու իմ գլխավորն ես,– կրկնեց Նուբարը:

Նայեցին իրար: Ժպտացին: Նահապետին թվամ էր, թե վաղուց, շատ վաղուց է ճանաչում Նուբարին, օրորոցում օրորել է նրան: Երբ փոքրիկ աղջիկ էր՝ սարի ծամոն էր տալիս նրան, կարմիր խնձորներ: Ծառերից կապած ճլորթի մեջ զցելով՝ ճոճել է նրան պարտեզում, շատ մոտիկ ազգական է եղել: Հեռացել, մոռացվել էր և ահա կրկին հայտնվել է: Փոքրիկ էր, հիմա մեծացել, պարթևահասակ կին է դարձել, հասակը բարձր, վիզն ուսերից մի քիչ վեր ձգված, դեմքը քիչ երկարավուն, աչքերը գիշերվա երկնքի պես մուգ կապույտ: Երբ լուսնյակ չի լինում ու միայն աստղերն են շողշողում, երկնքի գույնն այդպես մուգ կապույտ է լինում, անտակ ծովի պես խոր:

– Երազի պես ի, Նուբար, չեմ հավատա իմ աչքերուն...

Նուբարը հեզ ու խոնարհ ժպտում էր: Նայում էր նրան: Նահապետի դեմքը նման էր սրբի նկարի, աչքերը թուխ էին ու խոր ընկած, կարծես ներսում մութ ձորեր կային: Խեղճ էր Նահապետը, շատ խեղճ էր: «Տանջվեր ի, մղկտացեր ի,– մտածում էր Նուբարը,– Նահապետ մեղք ի»: Նահապետն էլ նրան էր մոտիկ ու հարազատ թվում, նույնպես վաղուց կորած ու հիմա գտնված հարազատ, որ Նուբարի օգնության ու փայփայանքին է կարոտ, չի ապրի առանց Նուբարի խնամքի:

...Առավոտյան շուտ արթնացան: Նահապետը փայտ բերեց, վառարանը վառեց ու գնաց եզներին նայելու: նուբարն ամանները լվաց ու փոքրիկ մի պղինձ դրեց վառարանին կերակուր եփելու:

Նահապետը վերադարձավ տուն: Օթախը մաս-մաքուր էր արդնն: Հաց կերան, իրար երեսի նայեցին:

– Հիմի ի՞նչ պիտի անենք,– հարցրեց Նահապետը: Կարծես միշտ ինչ-որ արել, իրար հետ էին արել, միայն երեկ մոռացած են եղել այսօրվա անելիքը որոշելու: Կարծես ապրել էին իրար հետ հիսուն տարի:

Նահապետը գրպանից հանեց փոքրիկ լաթի մեջ

փաթաթված՝ խնձորի սև հունտերը, որ մի քանի օր առաջ տվել էր նրան խելագարված քավոր Հակոբը. «Տար, Արտամետի խնձոր փրկի»,– ասել էր նա Նահապետին:

Հիմա էլ սարսռում էր նրա մարմինը քավոր Հակոբի ձայնից:

– Էս կուտեր տնկենք, Նուբար, և լավ խնամենք, որ անպատճառ ծիլ տան... Դուրս գանք, լավ տեղ ջոկենք, որ հավ ու ճիվ չփչացնի:

Դուրս եկան միասին:

– Էստեղ լավ ի, բառոժ ի: Չորս բոլոր չափար կքաշեմ: Մեր բահն որտե՞ղ ի, բեր տիսնամ, Նուբար...

Նուբարը չհարցրեց, թե Նահապետն ուր է դրել բահը, բահ ունի թե չունի, գնաց որոնելու ու քիչ հետո գտավ, բերեց.

– Ա՛ռ...

Նահապետն սկսեց փորել.

– Է, քավոր Հակոբ,– խոսեց նա ինքն իրեն,– մենք բոլորս դիմացանք, քո պատվական, ազնիվ հոգին չդիմացավ... կտիսնա՞ս Նուբար, խելքն աստված առեր էր, բայց ինք մի քիչ պահել էր իր մոտ: Կիհիշի մեր Արտամետ, խնձորի կտեր թաքցուցեր ի իր ծոցի մեջ: Քավոր Հակոբ, հե՜յ քավոր Հակոբ:

Փորեց փոքրիկ մի տարածություն: Բահը ցած դրեց, մեջքը շտկեց, նայեց Նուբարին:

– Ի՞նչ պիտի էլնի խալիվորի հալ, Նուբար...

Քիչ լռությունից հետո շարունակեց.

– Մեծատուն էր, հիմի դռնեդուռ ման կուգա: Կասեմ՝ չբերե՞նք պահենք, Նուբար...

Նուբարը մտածեց.

– Քո կամքն ի,– հետո ավելացրեց,– ճշմարիտ որ մեղք հալիվոր ի...

– Տիսնանք ինչպես անենք... Քանի օր ի, նրա դեմքն ու կերպարանք իմ մտքեն չելնի, երազ կուգա ընձի: Երթամ, երթամ Մովսես ախպորից փոցխ բերեմ, հող փոցխենք: Մովսես մեր ամենեն մոտ դրկիցն ի, Նուբար, լավ մարդ ի...

Նահապետը գնաց փոցխ բերելու: Նուբարը բահը վերցրեց ու սկսեց փորելով կլորացնել փորված տարածությունը, որ հարմար լինի հետո չափար քաշելու շուրջը:

Փոցխը ձեռքին վերադառնալով Մովսեսի տնից, Նահապետը դեռ հեռվից կանչեց.

– Էդ ի՞նչ ի կանես, Նուբա՛ր: Քո ի՞նչ գործն ի, բահ դիր գետին...

Մոտենալով շարունակեց իր նկատողությունը.

– Էդպես գործերի դու մի խառնվի, Նուբար, դու աշխատավոր ունես: Կուժ առ, գնա ջուր բեր, առուն ա՛յ էնտեղ ի... Իրար հետ երթանք: Ես էլ մի պարկ ավազ բերեմ: Խնձորի կուտ ավազ կսիրի: Ավազ հողից շուտ կտաքանա: Ծիլ որ մի թիզ քշեց, կփոխենք սրսուռ հողի մեջ:

Առվի ափից Նահապետը պարկով ավազը վերցրեց, Նուբարը՝ կժով ջուր: Եկան, ավազը լցրին հողի վրա, տնակի հարավային, արևկող պատի տակ, փոցխեցին, խնձորի սերմերը ցանեցին ավազախառն հողի վրա ու ավազախառն հողի նոր շերտով էլ ծածկեցին:

– Անպատճառ կծլի,– ասաց Նահապետը ու սկսեց «օթախից» ավելացած աղյուսները բերել, շարել շուրջը, որ ոտի տակ չգնա:

Նուբարը մի կուժ էլ ջուր բերեց, մի կուժ էլ ջուր լցրին սերմերի վրա:

Եկան ծերունի Մովսեսն ու իր կինը: Ցույց տալով Նուբարին, Նահապետն ասաց.

– Իմ նշանածն ի...

Ներս հրավիրեց հարևաններին: Նուբարը սուփրա բացեց, սեղանին մի կուլա գինի դրեց, որ Անթառամն էր դրել նրանց հետ: Ծերունի Մովսեսը, գավաթը վերցնելով՝ օրհնանքի խոսքեր ասաց, խրատներ կարդաց Նուբարին:

– Կերևա դու հալալ կաթնակեր իս, հարսե ջան: Որ Ափրոն ձըզի կամեցեր է իրար, ուրեմն աստծուն լե ընդունակ է: Նահապետ լավ մարդ է, հոգին շատ տանջվեր է, մխիթարող էղնիք իրար։ Հավք, որ հավք է, էլի մենակ չապրի, անասուն լե, զազան լե, մենակ չապրին, մենակ ման չիգան։ Ես լե ձեր դրկիցն իմ, հարևան ինք, իմ սիրտ ուրախացեր է էսօր, որ Նահապետ մենակ չմնաց, աստված քըզի պես ընկեր ճամփեց Նահապետին, հարսո ջան։ Ձըզի առողջություն ու երկար կյանք կցանկամ...

Լուրն ինչպե՞ս էր անցել ամբողջ գյուղով, թաղեթաղ։ Իրար ետևից սկսեցին գալ Նահապետի տարեկիցները, գավաթներ վերցրին, շնորհավորանքի ու օրհնանքի խոսքեր ասացին, շատերին Նահապետն առաջին անգամ էր տեսնում, բայց նրանք խոսում էին հին ծանոթի ու բարեկամի պես։

– Իմ անուն լե Նահապետ է, Նահապե՛տ ախպեր,– ասաց մեկը,– բայց ընձի Նիո կըսին։ Ես շատ ուրախ իմ, որ դա կարգվեր իս, քուլֆաթ իս բերեր քո տուն։ Որ էն Հոլիկի մոտ օթախ շինեցիր, ըսի՝ վա՜լա՛ Նահապետ կապրի, չմեռնի։ Հիմի լե, որ կարգվեր իս, մարդուն լե ընդունակ է, աստծուն լե։ Ձեր կենաց կխմիմ, կցանկամ առողջություն, երկար կյանք, ինչ նպատակ որ դրեր իք ձեր առաջ, աստված լող, կատարող էղնի։ Նահապետ ախպեր, քու պես մարդու նպատակն լե որ աստված չլսեր ու չկատարեր, մենք էդ աստծուն չճանչնենք...

– Հո՞րի ամբաղ-զամբաղ կխոսիս, Նիո՛,– ընդհատեց Մովսեսը։

– Նիոն էլման ծռա՜վ,– ձայն տվին մյուսները...

– Չէ՛ ճշմարիտ կըսիմ,– համառեց Նիոն,– որ աստված Նահապետի պես արդար մարդուն բարի աչքով չնայե, աստված թուրք է...

– Ծռա՛վ, խելռա՛վ,– կանչեցին չորս կողմից։

Նիոն, ավելի համառելով, շարունակեց.

– Աստված որ թուրքի թուր կորշնե, հայու գութան կանիծե, էդ աստծուն չաղոթիմ, ես կռապաշտ իմ... Ե՛ս կռապաշտ Նիոն իմ...

– Նիո, Նիո՛...

– Հորի՞ կծռիս, Նիո...

– Մեղա քըզի, աստված...

Նիոն այս անգամ լուռ մնաց, մինչև աղմուկը վերջացավ:

– Մի զոմեշ կիտամ ես, մեղա չըսիմ... Նաhապետ ախպեր, քույրիկ Նուբար, կխմիմ ձեր կենաց: Քույրիկ Նուբար, կցանկամ, որ դու էս տուն շեն էնես, հերթիկից միշտ ծուխ հելնի, թոնիր տաք եղնի, անթեղ մշտական վառ մնա:

– Ես լե կխմիմ ձեր կենաց, Նահապետ ախպեր, քույրիկ Նուբար,– գավաթը վերցնելով, կրկնում էր մի ուրիշը...

– Ես լե...

– Ես լե...

Մինչև իրիկնադեմ եկան-գնացին, շնորհավորեցին ու օրհնեցին, վիճեցին, կռվեցին ու հաշտվեցին: Ամբողջ ժամանակ կանգնած ոտի, Նուբարը խոնարհ գլուխ էր տալիս, Նահապետը ծխում, անվերջ ծխում էր: Երեկոյան եկավ գյուղական խորհրդի նախագահ Ղուկասը: Ներս մտավ թե չէ, ուրախ բացականչեց.

– Նահապետ հորոխպեր, բա որ կըսէի քըզի երկու շնչապատկան հող տանք, հորի՞ չմահաձայնվար... Հիմի ի՞նչ կսիս: Ինչպե՞ս իս, որ քու հող չավելացում...

– Ինչպես կուզես, Ղուկաս ջան, էնպես էլ որոշի, քո իրա վունքն ի,– պատասխանեց Նահապետը:

– Ինչո՛ւ, ես հռե՞ս իմ, ի՞նչ իմ, որ քըզի զրկիմ, հորոխպեր,– ասաց Ղուկասը,– հլա ըսիմ, որ բարով իք եկեր, հազար բարով, ձեր միություն հաստատ էղնի, երկար կյանք ունենաք: Հետո հայտնիմ քըզի, հորոխպեր, որ քու դռան հողի շարունակություն որոշեր ինք քըզի տանք, հորոխպեր Մովսեսին ուրիշ տեղից կնախատեսնինք, ա՛յ, ինք լե եկավ...

Ներս մտավ մշեցի Մովսեսը: Ղուկասը նրան բացատրեց գյուղխորհրդի որոշումը...

– Ձեր կամքն է,– ասաց Մովսեսը,– ձեր որոշում իմ աչքի վրեն: Ինչ-որ տաք Նահապետին, արժանի է, հալալ էղնի...

Ղուկասը դարձյալ բացատրեց, որ խորհրդային իշխանությունը եկել է խեղճերին ու անճարներին օգնելու, աղքատների ու կարոտյալների ձեռքը բռնելու: Եթե բոլշևիկները չգային, ով գիտի, հիմա թուրքերն ուր էին հասել, հիմա մենք էլ չկայինք: Ո՞վ էր կռվողը: Ժողովուրդը սովից մեռնում էր: Բանակ չկար, դաշնակցականները Հայաստանը կտրել էին Ռուսաստանից, օգնող չկար: Խորհրդային իշխանությունը եկավ, փրկեց հայ ազգին...

– Ճի՛շտ ի, ճշմարի՛տ ի,– համաձայնում էր Նահապետ ը:

– Ճիշտ չըսի՞մ, հորոխպեր Մովսես,– կատակով հարցրեց Ղուկասը:

– Հորի՞ ճիշտ չըսիս, հալբաթ որ ճիշտ կըսիս...

– Որ վարկ ուզիս, հորոխպեր Նահապետ, վարկ լէ կիտանք քըզի, մե ջուխտ եզ առնիս, ինչ օգնություն ուզիս՝ խորհրդային իշխանություն սաղ քու համար մնա...

Ղուկասի գալիֆե շալվարի վրա, բաճկոնի տակից, երևում էր նագանը, կեպկայի տակից սև քյանքուլները իջել էին ճակատին, թուխ, գեղեցիկ աչքերին...

Նա էլ գավաթ վերցրեց մյուսների նման ու երկար բարեմաղթություններ անելով՝ կրկին սկսեց պատմել, թե ինչ բարիքներ է տալու մարդկանց խորհրդային իշխանությունը, ինչ ծրագրեր ունի ընկեր Լենինը, որ եթե կատարվեն, բոլորն էլ կապրեն ազատ, անկարիք, կլինի հավասարություն, եղբայրություն...

Ավարտելով իր բարեմաղթություններն ու իր քարոզները՝ Ղուկասը թեքվեց Մովսեսի կողմն ու ժպտալով հարցրեց.

– Հորոխպեր Մովսես, դու ճշմարտախոս մարդ իս, մի բան հարցում քըզնե, կըսի՞ս...

– Հարցու, լաո՛, հորի՞ չըսիմ...

– Հորոխպեր Մովսես, էստեղ օտար մարդ չկա, իրարուց բան չպահինք: Ճի՞շտ է, որ խնուսու շենիկցի Ավոն մավզեր ունի: Ինչպե՞ս համոզինք, որ բերե տա...

– Խաբար չունիմ, Ղուկաս, երդում կուտիմ, որ տեղեկություն չունիմ, մեղք չառնիմ իմ վիզ...

– Կպահե հողի մեջ, կփտցու, հորի՞ կպահե,– շարունակեց Ղուկասը:

«Կուզե, որ ես մատնություն էնեմ,– մտածեց Մովսեսը,– իմ տղի տեղն իս դու, Ղուկաս, ինչպե՞ս կուզիս ընձի փորձիս...»:

– Ավոն լավ մարդ է, Ղուկաս, չխաբե, որ ըսեց չունիմ, հավատա, որ չունի, Ղուկաս...

Նահապետին դուր չէր դալիս Ղուկասի այդ խոսակցությունը: Թութունի տոպրակն առաջը դրած՝ նա իրար ետևից ծխում էր ու լուռ նայում Մովսիսին և Ղուկասին:

– Լավ, մոռանանք էդ խոսակցություն,– ասաց Ղուկասը,– եկեր ենք հորոխպեր Նահապետի տուն շնորհավորանքի:

– Ապրի՛ս,– ասաց Մովսեսը:

Դարձյալ բարի խոսքեր ասացին ու գնացին: Ղուկասը խոստացավ առավոտյան հողաչափի հետ գա, չափի ու տա Նահապետին շնչապատկանը և մի քիչ էլ ավելի:

– Շատ և շատ շնորհակալ եմ,– գլուխ տվեց Նահապետը:

Հիմա, «օթախում» տիրեց դուրեկան, երկարատև խաղաղություն: Նուբարը վառեց լամպը, փայտ դրեց վառարանը:

Ե՛վ տաք էր, և՛ լույս:

– Ժամանակ չեղավ, որ տեսնամ, թե ինչպես են կպեր հերվան խնձորի ու նռան տնկիներ, հիմա արդեն մութն ի...

– Վաղ կնայես,– ասաց Նուբարը:

– Բավական հող կունենանք, Նուբար, պիտի որոշենք թե ի՞նչ անենք: Էստեղ ցորեն կամ գարի կցանենք: Ուրիշ բանից գաղափար չունենք: Քո կարծիքն ի՞նչ ի, Նուբար...

– Քո գործն ի, Նահապետ: Ինչպես քո կամք կասի, էնպես էլ անենք:

– Ես կասեմ այգեստան սարքենք: Ուտելու հաց չե՞նք ճարի, կճարենք: Քո կարծիքն ի՞նչ ի:

– Քո կամքն ի, Նահապետ: Ինչպես կուզես, էնպես անենք:

– Ես կուզեմ, որ քո սրտով էլնի, Նուբար:

– Ինչ որ քու սրտով ի, իմ սրտով կէլնի...

– Ես կասեմ այգեստան սարքենք: Իսկ մինչև ծառեր մեծանան, բողկ ու գազար, կոտեմ ու թարխուն, սոխ ու բիբար կցանենք: Տեսնենք, ինչքան հող կիտան...

Լռեցին: Հոգնել էին օրվա անվերջ խոսակցություններից: Վառարանը կարմրել էր, հաճելի տաքություն էր սփռում շուրջը, որ թմրություն էր բերում Նահապետի հոգնած մարմնին: Հիմա խաղաղություն էր պարուրել նրանց: Մարտ ամսի վերջն էր: Դրսում արդեն տաք էր: Նահապետը փոքրիկ լուսամուտից նայեց երկնքին: Մաքուր էր երկինքը, լուսնի լույսից՝ կաթնագույն: Կռացավ թեք նայելու, որ լուսինը երևա: Նա երեկվա պես, մտերիմի նման ժպտում էր Նահապետին:

– Երկինք պարզ ի,– շշնջաց նա,– լուսնյակ ի, Նուբար...

Նայելով Նուբարին, որ լուռ նստել էր թախտին, նույն ցածր, շշունջի պես մեղմ ձայնով Նահապետն ասաց.

– Դադրեր ես, Նուբար, հոգիս դուրս գա:

Նուբարն անուշ ժպտում էր...

Ը

Գյուղխորհրդի նախագահ Ղուկասն, ինչպես խոստացել էր, այնպես էլ արեց: Արևածագին հողաչափի հետ եկավ, Նահապետի տան մոտի հողը չափեցին, սահմանների վրա փայտե փոքրիկ ցցեր խփեցին: Այդ ցցերի մոտ կանգնելով, Ղուկասն ասաց.

– Մինչև էստեղ քոնն է, Նահապետ հորոխպեր, հալալ էղնի քըզի, բարով մշակիս:

Նահապետը շնորհակալություն հայտնեց ու նրա գնալուց հետո ինքն էլ աչքով չափեց իր հողի տարածությունը...

– Հինգ սոմար կէլնի, Նուբար, պատկանելուց ավել են տվեր...

Նույն օրը Մովսեսից արոր խնդրեց, վարեց ամբողջ տարածությունը Ափրոյի ջահել եզներով, որոնց ամեն րոպե փայփայում էր, ճակատները համ բուրում:

– Հո, հո՛, բարո՛...

Մյուս օրերին սկսեց մարգեր շինել: Ինչքան էլ փորձեց Նուբարին արգելել մասնակցելու իր այդ աշխատանքներին՝ չկարողացավ:

– Փոցխել դժվար բան չի, Նահապետ, հեշտ ի,– ասաց Նուբարը ու սկսեց փոցխով հարդարել Նահապետի շինած մարգերի արանքները: «Իր ասածի կնիկ ի՛»,– մտածում էր Նահապետը և ուրախանում էր հենց նրա համար, որ Նուբարն այդպիսին է, և ոչ ուրիշ տեսակ կնիկ է:

Գյուղում այդ ամբողջ շաբաթ խոսք ու զրույցի առարկան Նահապետն ու Նուբարն էին: Մի քանի օր շարունակ, ջահել ու ահել գալիս, նրա տան մոտով էին դաշտ գնում, մի րոպե կանգնում, «բարի լույս» կամ «բարի աջողում» էին ասում, որ աչքի տակով նայեն Նուբարին.

– Տեսա՞ք ճզնավոր Նահապետ ինչպես կնիկ առավ,– ասում էին իրար տարեկիցները՝ ուրախացած, որ իրենց հասակի տղամարդն էլ կարող է կարգվել, նույնիսկ իրենից ջահել, սիրուն կնկա հետ:

– Նահապետի հող ձեր գլխուն էղնի,– ասում էին պատերազմի, զաղթի ու թափառիկ կյանքի պատճառով դեռ չամուսնացած երիտասարդներին,– Նահապետի չափ լե չկար:

– Ուրեմն սուտ ճզնավո՞ր էր Նահապետ,– հարցրեց մի անգամ մի ջահել գյուղամիջում:

– Լազլզու պես վիզ երկեն է,– անուն էին կպցնում ջահելները:

– Ուռուսի նման շեկ է, բոյ լե կհասնի հառիք, Նահապետ պետք է նոր տուն շինե...

– Ցըխկվիք լե, պատռիք լե, ձեզնե լավ է,– ասում էին Մովսեսի կինն ու Նիկոյի կինը,– մեկ էղնի ձըզի անուն դնե, չամչնա՞ք:

Ջահելներն արդարանում էին.

– Ի՞նչ կըսինք մենք: Կըսինք բոյով է, վիզ երկեն է ս՞ւտ է...

Գիտեն, թե Նուբարը որ ժամին է գալիս աղբյուրը ջրի և արևից առաջ իրենք էլ էին գնում, որ տեսնեն, խոսեն հետը: Գալիս էր Նուբարն իր բարձր ուսին մեծ, երկարավուն կուժը դրած, ուրախ բարևում էր բոլորին հին ծանոթի և

– Բարով, բարի լույս, հարսներ, աղջիկներ...

Ուրիշ անգամ հարցնում էր...

– Բարև, բարի լույս, ինչ բարի երազներ եք տիսեր...

Դեռատի հարսներն ու ազապ աղջիկները ծիծաղում էին, իրար ուսի խփում ու հերթը զիջում էին նրան: Աղբյուրը մի ծորակ ուներ, տաս-տասներկու կուժ էին նրա մոտ գալիս միաժամանակ: Նուբարը կուժը լցնում էր, դնում ուսին ու երբ որևէ բարի խոսք ասելով՝ գնում էր, երկար ձեռքերով կուժը մեջքին պահելով, առանց կռանալու, բոլորը նայում էին նրա ետևից:

– Ջահել օրերուն տղերքի սիրտ վառած կեղնի,– ասաց մի անգամ հարսներից մեկը աղբյուրի մոտ,– էդ բոյն ու էդ կապույտ աչքեր ո՞ր մեկ տղեն տեսներ, որ չծռեր...

– Իր մարդ տարիքով է, բայց էն լե խորոտ է,– լրացրեց մի ուրիշ հարս,– իրար հավասար ին բոյով բուսաթով, աչքունքով...

Անցել էր երկու շաբաթից ավելի, ինչ եկել էին նրանք, բայց Ափրոն դեռ չկար...

– Տեսնես ինչո՞ւ կուշանա, քո կարծիքն ի՞նչ ի, Նուբար...

– Երևի գործ շատ ունի, պարապ օր չի գտնի, որ գա:

– Բայց ժամանակ կանցնի: Ինչ կասես, ես սել չլծե՞մ տանեմ: Եվ պատրուսած տնկիներ բերեմ, գարուն կանցնի, ուշ ի: Քո կարծիք ի՞նչ ի...

– Քո գործն ի, Նահապետ, սել լծի գնա...

Որոշեցին հետևյալ օրը Նահապետը գնա, սայլն ու եզները հանձնի, ավանակով խնձորի տնկիներ բերի իր ապագա այգեստանի հիմքը դնելու: Բայց երեկոյան անսպասելի հայտնվեց Ափրոն: Առաջվա պես ուրախ, կայտառ, տոպրակն ուսին նա ներս մտավ «օթախը»:

– Բարև, բարի իրիկուն, մեծ ախպեր Նահապետ, պատվական խանբաշի Նուբար, երկու շաբաթից ավելի ի, որ եկեր եք, ոչ լուր, ոչ խաբար: Էդպես չէլնի, Անթառամ ու ես ծռանք, էդպես չէլնի...

– Դու ասիր, որ կուզաս, սէլ ու եզներ տանես,– ասաց Նահապետը:

– Խորհուրդ արինք Անթառամի հետ, Նահապետ ջան, և որոշեցինք՝ ես ուշանամ, որ դու եզներ աշխատեցնես, քո հող վարես...

– Վարեր եմ,– ասաց Նահապետը:

– Տեսա՞ր,– ասաց Ափրոն, – ուրեմն Ափրոն գլխով մարդ ի, իզուր բաներ չի մտածի: Ես ու Անթառամ որ իրար հետ կէլնենք, միասին իմաստուն ենք... Իսկ ի՞նչ պիտի աներ ձեր շնչապատկան հող...

Նահապետր պատմեց, թե ինքն ու Նուբարն ինչ են որոշել:

– Ճիշտ ի,– հաստատեց Ափրոն,– լավ այգի կէլնի, բայց կարելի ի առաջի երկու տարին ցորեն ցանեք ծառերի մեջ, քանի ծառեր չեն մեծացել, որ հացի նեղություն չքաշեք...

Դուրս եկան հողակտորը տեսնելու: Անցան նրա եզրերով, ետ դարձան տան մոտ:

– Պատվական այգի կէլնի,– ասաց Ափրոն,– երկու շնչապատկանից շատ ի... Ես լուսուն շուտ կերթամ, մեկէլ օր Նորայրի խետ ավանակով տնկիներ կուղարկեմ: Տնկի շատ ունենք...

Ներս եկան: Նուբարը սուփրան փռել, ուտելիքներ էր դնում քուրսու վրա:

– Ապրի՛ս, խանբաշի, զորանաս,– ասաց Ափրոն,– իմ փոր անոթութենե կգրգռա...

Նստեց, սկսեց արագ բրդուջ անել:

Նահապետն ուտում էր առանց շտապելու: Ետ քաշվեցին սուփրից:

– Ափրո, ես ու Նուբար որոշեր ենք...

– Ի՞նչ եք որոշեր,– անհամբեր հարցրեց Ափրոն:

– Որոշեր ենք քավոր Հակոբին բերենք մեր մոտ պահենք...

Ափրոն գլուխը կախեց:

– Ի՞նչ կասես, Ափրո... իմ մտքեն քավոր Հակոբ չելնի: Որ կհիշեմ, իմ մազեն կփախնի, քուն չի գա իմ աչքին... Քավոր Հակոբ լավ մարդ էր, շատ լավություններ ի արել բոլորին, քավոր Հակոբին մենք պարտական ենք: Կաշխատենք, կպահենք...

Ափրոն գլուխը կախ լսում էր, անսովոր կերպով չէր խոսում: Ապա ծոցի գրպանից հանեց ծալված մի թուղթ, պարզեց Նահապետին:

– Արտամետի խնձորի կտերն ի, Հակոբ տվեց, որ քեզի հանձնեմ: Տար տուր իմ սանիկ Նահապետին, կասի: Իմ հարստություն էս ի, կասի, իմ հարստություն ես իմ սանիկ Նահապետին կթողնեմ... Եկավ մեր տուն, տվեց, էդ խոսքերն ասաց ու դարձավ Անթառամի կողմ: Նայեց, նայեց ու բարկացավ: Ինչո՞ւ մի տղա ունես, ասաց, հիմար կնիկ, շատ երեխա պիտի բերես: Անթառամ ամչցավ: Ամոթ ի, կասի, քավոր Հակոբ, ուշ ի, քո սանիկ պառվցիր ի... Ուշ չի, բարկացավ երանելի Հակոբ, շատ երեխա բերեք, որ ազգ ապրի, չկորսվի: Ասաց ու վազեց դուրս: Խելք տեղն էր եկեր: Բայց էն գնալն էր, որ գնաց...

– Ո՞ւր գնաց,– անհանգստացած հարցրեց Նահապետը:

– Գնաց՝ մեռավ: Բարձր ժեռ քարից իրեն զցեր էր ձոր... Մյուս օր թաղեցինք, ողորմի իրեն...

Երկար լռեցին: Նուբարը փեշերով արցունքներն էր սրբում: Նահապետը դուրս եկավ օթախից: Քիչ հետո նրա ետևից դուրս գնաց նաև Ափրոն:

Նահապետը պատի տակ նստած՝ ծխում էր: Ափրոն նստեց նրա կողքին:

– Նրա համար մահ լավ էր, քանց կյանք...

Լուսնյակը դուրս եկավ սարերի ետևից: Նա նվազ էր, արդեն կիսված, և նախորդ օրերի պես ժպտերես չէր...

... Ափրոն սայլով իրենց գյուղը գնաց: Նահապետն ու

Նուբարը ավազոտ հողի մեջ, օթախի արևկող պատի տակ ցանեցին քավոր Հակոբի ուղարկած կտերն էլ, ջրեցին, ողորմի տվին նրան:

Մյուս օրերին երկու կողով իրար կապած, Նահապետը դնում էր ավանակի վրա ու գնում էր դաշտերը, արևի տակ այրված չոր բշկուլ էր բերում հողը պարարտացնելու: Գյուղից հեռու, ժայռերի տակ գտնում էր տեղեր, ուր ոչխարների հոտեր էին մակաղած եղել ու իր ավանակով հանգիստ, համբերատար փոխադրում էր այդ պարարտանյութը իր ապագա այգին: Բերում, դատարկում էր կողովները, նստում էր առվի թմբին, Նուբարի հետ մի քիչ խոսում էր ու դարձյալ գնում :

Նրա գնալուց հետո Նուբարը փոցխը վերցնում ու չոր գոմաղբը հավասար փռում, խառնում էր վարած, փափկացրած սևահողի հետ:

Ափրոյի վերադարձի երկրորդ օրը Նորայրը եկել էր, քառասուն տնկի բերել: Լավ, դալար, հաստ զցած, երկու տարեկան տնկիներ էին: Տասներկուսն էլ անցյալ աշնան Ափրոն էր իր ձեռքով տնկել:

Ամեն առավոտ մեկիկ-մեկիկ զննելով նորատունկ ծառերը, քնքշորեն շոյելով նրանց մատաղ բողբոջները՝ Նահապետն ազատ շունչ էր քաշում: Հետո գալիս, կռանում էր տան պատի տակ այն կլորիկ հողի պատառի վրա, որի մեջ քավոր Հակոբի տված սերմերն էր ցանել: Մի օր էլ, վաղ առավոտյան այդտեղ տեսավ ցանված սերմերի առաջին ծիլերը: Սիրտը լցվեց, աչքերը մշուշվեցին:

– Նուբար,– կանչեց բեկբեկ ձայնով,– Նուբար, արի էստեղ...

Հուզմունք զգալով Նահապետի ձայնի մեջ՝ Նուբարն արագ հասավ նրա մոտ:

– Ի՞նչ ի, Նահապետ...

– Տե՛ս, Նուբար, սերմեր ծլեր են:

– Փա՛ռք քեզի, բարերար աստված,– շշնջաց Նուբարը,– հալիվորի մուրազ պիտի կատարվի:

– Կկատարվի,– հաստատեց Նահապետը:

Դրանից հետո ամեն վաղ առավոտ առաջին հերթին Նուբարը ջրում էր այդ ծիլերը և ամեն առավոտ աչքով չափում էր, թե ինչքան են բարձրացել: Մի շաբաթ էլ որ անցավ, Նուբարն առավոտ շուտ ձայն տվեց Նահապետին.

– Նահապետ, արի էստեղ...

– Ի՞նչ ի, Նուբար:

– Տես...

Հիմա էլ ծիլ էին տվել Ափրոյի ձեռքով բերված սերմերը, որ երկրորդ անգամ ցանեցին:

– Ողորմի քո արդար հոգուն, քավոր Հակոբ:

– Հազար ողորմի,– ավելացրեց Նուբարը,– ու գնաց առվից կժով ջուր բերելու, որ ծիլերը ջրի:

Մոտենում էր արդեն մայիս ամիսը: Առավոտներն ու իրիկունները ոչխարների ու գառների մայունով, մայր կովերի բառաչներով էր լցվում գյուղը: Կեսօրին ոչխարի հոտը գալիս, մակաղում էր գյուղի վերևում, ցից ժայռերի տակ: Նուբարը Մովսեսի կնոջ հետ գնում էր նրանց հոտի մոտ, կթում էր իրենց երկու մաքին, մեծ թասով կաթը բերում, տաքացնում ու դնում էր քուրսու վրա:

– Խմի, Նահապետ,– խնդրում էր ամուսնուն:

– Դու խմի, Նուբար...

– Չէ, ես չեմ խմի,– ասում էր Նուբարն ու դուրս էր գալիս գրթանին ու ճուտերին կուտ տալու: Մովսեսի կնոջ տված հավն արդեն քսան ճուտ էր հանել: Շեկլիկ, խլրտուն ճուտեր էին, ճակատներին՝ սպիտակ կետեր: Խնձորի սերմերից բուսած դեղնավուն ծիլերն արդեն ամրանում ու շիվեր էին դառնում: Տնկիները կպել, բողբոջները բացվում էին, մանրիկ կանաչ տերևները շողում էին արևի տակ: Նրանց տան կողմերով անցնելիս, գյուղացիները տեսնում էին, որ իսկապես զարնան վարոցները հիմա ծառեր են դառնում, տերև են տալիս: Շուտ-շուտ գալիս էր «Կռապաշտ» Նիոն: Նրան գյուղում «Կռապաշտ» էին ասում, որովհետև հաճախ էր վեճ ու կռվի ժամանակ կրկնում, «Թե որ աստված պիտի հայ ազգն չօգնի, ես լե նրան կուրանամ, կռապաշտ կէղնիմ»: Գալիս նայում էին ծառերին, նստում, Նահապետի հետ ծխում էին և հետո Կռապաշտ Նիոն գնում էր գյուղամեջ, պատմում իր տեսածը:

– Նահապետի պես արդար մարդ աշխարհքի մեջ չկա: Քարին լե որ ձեռք տա, քար կկանաչի, ծաղիկ կիտա: Ինք լե արդար մարդ է, իր նշանածն լե...

Մի օր երեկոյան, իրենց տանը մենակ էին Նահապետն ու Նուբարը, օրվա աշխատանքից ու տան գործերից հոգնած պիտի պառկեին քնելու: Նուբարն անկողինը չէր գցում, ինչ-որ բանի էր սպասում: Նահապետը հարցական նայեց նրան:

– Քեզի բան պիտի ասեմ, Նահապետ:

Ասաց ու կարմրեց.

– Ի՞նչ ի, Նուբար...

– Չգիտեմ ինչպես ասեմ, Նահապետ: Էս յոթ տարի ի, որ ես մի հոգապահուստ ունեմ: Պահեր եմ սև օրվա համար: Բայց, փառք աստծու, էլ սև օր չենք տիսնա: Առ էդ հոգեպահուստ, ինչ կանես, արա...

Ինչ-որ կապոց արձակելով՝ նրա միջից մազաղաթի վրա դրված մի հմայիչ հանեց ու նրա տակից՝ վեց հատ տաճկական ոսկի...

– Որ գեղերից փախանք, եկանք Վան, Մուշեղ որ գնաց դիրքերի վրա, տվեց ընձի, ասաց պահի, Նուբար, սև օրվա համար պետք կէլնի... Ա՛ռ, Նահապետ...

Ոսկիները դրեց քուրսու վրա:

Լռեցին: Հետո Նահապետն ասաց.

– Պահի, Նուբար, ի՞նչ պիտի անենք:

– Էլ չեմ պահի,– ասաց Նուբարը,– որ պահեմ, պիտի մտածեմ, թե մեր առեջ սև օր կա... Տար ծախսի, որ էլ չտիսնամ, ինչ կանես, արա... գնա Էջմիածին, ծախսի, արի... Տուր Ափրոյին, տուր Անթառամին, ինչ կանես, արա...

Նահապետը շփոթված ժպտում էր:

– Որ կդնեմ իմ ծոց,– շարունակեց Նուբարը,– կկարծեմ կրակ ի, հիմա ընձի կվառի, տա՛ր, տար ծախսի, Նահապետ...

Նահապետը գնաց Էջմիածին: Երկու օր ուշացավ: Վերադարձավ մի հաստ պարկ շալակին:

Նուբարին երկու ձեռք շոր էր բերել, երկու զույգ կոշիկ, երկու կապույտ մեջքի շալ: Ու շատ ուրիշ մանր-մունր բաներ, որ չգիտեր, պետք են թե չէ:

– Էս ի՞նչ ես առեր, Նահապետ: Նուբար թազա հա՞րս ի, ի՞նչ ի...

– Թազա հարս քեզնից ավել չի,– ասաց Նահապետը:

Նուբարն առանձին-առանձին դրեց, ինչ որ երկուսն էին:

– Էս ձեռք շոր ընձի, էս՝ Անթառամին, էս՝ կոնդորեք ընձի, էս՝ Անթառամին, էս շալ ընձի, էս Անթառամին... Պիտի տանես Անթառամին, Նահապետ, էլի ճամփա բացվավ քու առեջ...

– Թող մնա աշուն, Նուբար,– առարկեց Նահապետը:

– Որ մնա աշուն, ես էլ մինչև աշուն չեմ հազնի, բոքիկ կքելեմ, չեմ Հազնի...

– Լավ, կտանեմ, Նուբար, դու մի խռովի...

Ծառերի արանքում ցանված ցորենը հասավ: Քաղեցին, կալսեցին: Չորս բեռ ցորենը ներս տարան: Հետո սկսեցին հանել բողկը, բազուկն ու գազարը: Կանաչիները քաղում էին ամբողջ ամառվա ընթացքում, բրդում էին սպասի մեջ, աղցան անելով ուտում էին հացի հետ, տալիս էին հարևաններին:

Բոլոր ծառերը կպել էին: Նահապետը գարնան ու ամռան սկզբին ամեն անգամ ասում էր. «օգոստոսն ի փորձության ամիս, օգոստոսին կերևա՝ բռնե՞ր են ծառեր, թե կչորանան»: Փորձության ամսից հետո էլ ծառերի ու տերևների վրա գիշերվա շաղն առավոտ շուտ հուրհրատում էր կանաչավուն փայլփլանքով:

Սերմերից աճած շիվերը փոխադրեցին փխրուն սնահողի մեջ, որ տնկիներ դառնան մյուս տարի պատվաստելու:

– Փոքրիկ մի տնկարան պիտի սարքեմ, Նուբար, որ միշտ տնկիներ ունենանք,– ասաց Նահապետը,– միշտ տնկիներ ունենանք, դու ի՞նչ կարծիքի ես...

– Պետք ի,– հաստատեց Նուբարը:

Սեպտեմբերի վերջին մի անգամ Նահապետը պարտեզի միջից ձայն տվեց Նուբարին: Նուբարն շտապեց նրա մոտ:

Նահապետը զարմանքով լի աչքերով նայում էր տնկիներից մեկի ճյուղքերին: Գարնանը տնկված փոքրիկ խնձորենին ծաղկել էր, փոքրիկ բաժակիկները բացվել էին ու ծարավ խմում էին արևի ճառագայթները:

– Խեր ի՛, Նուբար, բարի նշան ի՛...

Իրար կողքի կանգնած, երկար ժամանակ նրանք ջերմ ժպիտներով նայում էին սեպտեմբերին ծաղկած խնձորենուն:

– Խեր ի, բարի ի,– կրկնեց Նահապետը,– Բայց իր կյանքի համար վտանգավոր ի: Ձմեռ պետք է շորով լավ փաթաթենք, որ ցուրտ չտանի: Տե՛ս, Նուբար, ինչ սիրուն ի...

Բաց մանուշակագույն, նուրբ ծաղիկները նայում էին արևին ու թրթռում էին աշնան զեփյուռից:

Նույն օրը երեկոյան Նահապետը պիտի իմանար ավելի զարմանալի ու ավելի ուրախ բան: Երբ անկողին մտան, Նուբարը իր երկու ձեռքերի մեջ առավ Նահապետի աջ ձեռքը, քնքուշ շոյեց.

– Նահապետ...

– Ի՞նչ ի, Նուբար:

– Քեզի մի գաղտնիք պիտի ասեմ, Նահապետ:

– Ասա, Նուբար...

Նահապետը հիմա ինքը նրա երկու ձեռքերն առավ իր ափերի մեջ, սեղմեց:

– Դե, ասա, Նուբար...

Նուբարը, կարծես, ինչ-որ բանից վախեցած, դողում էր.

– Ես, կարծեմ, երեխով եմ, Նահապետ...

Հուզմունքից շփոթված, Նահապետն առաջին պահի չհավատաց իր ականջներին:

– Ի՞նչ ասեցիր, Նուբար, մե՛կ էլ ասա...

Ու մինչև լույս Նահապետը հուզմունքից չքնեց։ Լուսադեմին վեր կացավ, զգույշ հագավ շորերը, հուշիկ քայլերով, որ Նուբարը չարթնանա, դուրս եկավ։

Արևելքում շողում էր լուսաստղը։ Նահապետը նայեց շուրջը, նայեց լուսաստղին ու կռացավ, երեք անգամ ջերմեռանդ համբուրեց հողը...

Թ

Գեղեցիկ է աշունը Արագածի լանջերին։ Օդն այնքան մաքուր է, երկինքն այնքան հստակ, որ հեռավոր տարածությունները մոտենում են, հեռու լեռները, որ անհասանելի էին թվում, հարավից գալիս են կանգնում աչքիդ առաջ։ Եվ Արարատյան դաշտը՝ ընկած երկու հսկա լեռների արանքում, փոքրանում, դառնում է մի նեղ շերտ։

Ամբողջ օրն իր հողակտորի վրա զբաղված, Նահապետը մեկ-մեկ դադար էր տալիս, շտկում մեջքն ու, նստելով որևէ թմբի, նայում էր դաշտին ու դիմացի լեռներին. «Խորոտ աշխարհ ի,– շշնջում էր նա հմայված հոգով ու հիշում հարազատ եզերքները՝ Արտամետն ու Վանա ծովը, Սիփանն ու Արծկեի առջև փռված մարգագետինները. «Բայց մեր երկրին ուրիշ երկիր չէր հասնի, մատա՛ղ»,– ավելացնում էր նա՝ վիճելով քիչ առաջ ասած իր խոսքի դեմ,– բայց էստեղ էլ սիրուն ի, էստեղ էլ հայոց երկիրն ի, անուն չդնենք, մեղք ի։ Արեգակ նույն արեգակն ի, լուսնյակ նույն լուսնյակն ի և հայոց Էջմիածինն էլ էստեղ ի...»։

Ի՞նչ էր անում նա իր հողակտորի վրա ուշ աշնան այս օրերին, գյուղացիներից շատերը նույնիսկ գլխի չէին ընկնում։ Իսկ նա ամեն օր գործ գտնում էր։ Ջահել ծառերի բների շուրջը կամ մեծացնում կամ փոքրացնում էր բաժակները, եթե պարարտանյութի կարիք էր տեսնում, ավելացնում էր, ճյուղքերի ծայրերը, չգիտես ինչու, երբեմն կտրում էր։ Մի տունկից մյուսն անցնելով, զննում էր ամեն մեկին, նայում նրանց տերևների գույներին։ Չափում էր ճյուղքերի՝ այս տարի նետած հասակը, կանգնում նրանց մոտ ու մտածում, շշնջում էր ինքն իրեն, կարծես խոսում էր խնձորենիների հետ։ Հետո գալիս էր նռան տնկիների մոտ. «Էկող տարի պիտի պտուղ տաք,– ասում էր նրանց բարեկամաբար,– անպատճառ պիտի պտուղ տաք»։ Ու մտքով տեսնում էր մեծ-մեծ նուռերը ճյուղքերի վրա, քաղում էր, բերում Նուբարին. «Տղացկան կնիկների սիրտ միշտ մարխոշ նուռ կուզի»...

Ձմեռնամուտից առաջ Նահապետը, ավանակն առաջն արած, մի անգամ էլ գնաց Էջմիածնի ու Աշտարակի կողմերը, մանր-մունր բաներ գնեց և Անթառամին ու Ափրոյին հանդիպելով, մրգեր բերեց Նուբարի համար՝ խնձոր, տանձ, լավ նռեր։ Եվ դարձյալ մի քանի տասնյակ մատաղ խնձորենու մանր շիվեր, որ աճեցնի ու միշտ տնկիներ ունենա։ Անթառամն ինչ-որ կապոց էլ դրեց բոխչայի մեջ ու ասաց, որ Նահապետը տա Նուբարին, չնայի . «Կնկա բաներ են, քո գործը չի»... Հինգերորդ օրը տուն էր վերադառնում Նահապետը, բայց այնպես էր թվում, թե մի քանի ամիս է, որ հեռացել է տնից։ Սիրտը անհանգիստ էր։ Նուբարին մի բան չպատահի՞։ Այն օրվանից, որ իմացավ Նուբարը երեխով է, վախենում էր նրա համար։ Գիշերները երբեմն վատ երազներ էր տեսնում ու արթնանալով, ձայն էր տալիս կնոջը.

– Նուբա՞ր, քնի՞ր ես։

– Արթուն եմ, Նահապետ։

– Ինչի՞ չես քնի։

– Դու ձեն տվիր, զարթնա։

– Դե քնի, Նուբար, քնի...

Ցերեկը, հողի վրա աշխատելիս, պատահում էր, որ գլուխը պտտվում էր, աչքերի առաջ լույսը շաղվում էր, և թվում էր, թե Նուբարը հանկարծ ճչաց ու դեմքի վրա ընկավ գետնին: Վեր էր կենում, շտապ քայլերով, օրորվելով տան կողմն էր գալիս ու դեռ շեմին չհասած, կանչում էր.

– Նուբա՛ր, Նուբա՛ր...

– Ի՞նչ ի, Նահապետ,– գործը թողնելով, անհանգստացած արձագանքում էր Նուբարը,– ի՞նչ կուզես, ի՞նչ ի պետք...

Ամեն բան կարգին տեսնելով, Նահապետը խնդրում էի որ մի քիչ թան տա իրեն խմելու:

– Ծարվցիր եմ,

Նուբարը մածնաթան էր սարքում, թասով տալիս էր նրան:

– Նուբար, մի երկու մաքի էլ չառնե՞նք, որ թան-թացան բավական էլնի, ի՞նչ ի քո կարծիք...,– հարցնում էր թանը խմելուց հետո:

– Քո կամքն ի,– պատասխանում էր Նուբարը:

– Իսկապես, երկու մաքին քիչ ի, վաղ, մեկել օր կաթ ի պետք...

Մի շաբաթ հետո երկու մաքի գնեց, բերեց խառնեց Մովսեսի հոտին:

– Գարուն որ չորսն էլ ծնեն՝ բավական ի...

– Հերիք ի, ի՞նչ պիտի անենք...

Նստեց առաջին ձյունը:

Արդեն երևում էր, որ Նուբարը «երկու հոգով» է, բոլորը գիտեին ու տեսնում էին: Նահապետը, երբ, տնից դուրս էր գնում թե չէ, գալիս էին Մովսեսի ու Կռապաշտ Նիոյի կինը, հաճախ նաև ջահել հարսներ՝ որևէ մանր օգնություն ցույց տալու համար: Նահապետը տուն էր մտնում թե չէ, խոնարհ, ամոթխած գլուխ էին տալիս ու ցրվում: Եվ Նահապետը նստում էր Նուբարի կողքին, ծխում ու խոսում էր ամեն բանի մասին, մեկ-մեկ էլ քթի տակ հին-հին, մոռացված երգեր էր դնդնում: Ցերեկը դեռ դուրս էր գալիս, տան մոտ, հողի վրա որևէ գործ էր գտնում, իսկ երեկոներին ոչ մի րոպե չէր հեռանում Նուբարից, ինչ-որ բանից վախենալով, մենակ չէր թողնում նրան:

– Էսպես չէլնի, Նահապետ,– ասաց մի օր Նուբարը,– գնա

գեղի մեջ, տղամարդերաց հետ նստի, կայնի, խոսի, զրույց, որ քո սիրտ թեթևանա, էսպես չելնի:

Նահապետը զարմացած նայեց Նուբարին:

– Քեզի մենակ թողնեմ, երթամ հեքիա՞թ լսեմ...

– Ես մենակ չեմ մնա, Նահապետ: Կնիկներ կուգան, զուլպա կգործենք, կխոսենք հազար ու մե բանից: Դու տղամարդ ես, տղամարդերաց մոտ գնա, ես կնիկ եմ, կնկտիք կուգան իմ մոտ...

Նահապետն ամաչեց: Հիսունն անցել է և այդ պարզ բանը գլխի չէր ընկել:

Ու սկսեց գյուղամեջ դուրս գալ: Տարեց տղամարդիկ խմբով նստում էին արևահայաց պատերի տակ ու խոսում էին անցած-գնացած բաների մասին:

Երբ, առաջին ձյան հալվելուց հետո, երկրորդ անգամ ձյուն եկավ ու ցրտերն ընկան, տղամարդիկ սկսեցին հավաքվել տների օդաներում: Հատակին փռված քեչաների ու խսիրների վրա նստոտելով՝ ծխում էին ու պատմություններ լսում: Նրանց թաղեկիցները հավաքվում էին Մովսեսի «հոդան»: Փոքրիկ գլուխը ուսերի վրա օրորելով՝ Մովսեսը պատմում էր Արաբոյի ու Աղբյուր Սերոբի կռիվներից, պատմում էր, թե ինչպես Քոռ Հուսեյին փաշեն կոտորում էր հայերի գյուղերը, ինչպես Մոկաց Մուրթուլա բեկը իր ձիավոր խմբով հասնում էր ամեն տեղ ու կռվի բռնվում ավազակ քրդերի հետ: Ծխելով, ծխելով, երբեմն խոսակցությանը խառնվում էր նաև Նահապետը: Պատմում էր Բարկաթի ու Առենի կռիվների մասին: Ինչպես Առենում հավաքված հայերը թուրքական մի ամբողջ գունդ կոտորեցին ու, բինբաշու մարմինը ժայռի վրա ցցելով, թողել էին, որ հեռվից թուրք ասկյարները տեսնեն, վախենան, ինչպես Բարկաթի մոտ ծովափի փլերի միջից հայերը դուրս եկան ու հարձակվեցին թուրքական նավերի վրա:

– Հայերի գեղեր ինչքան թալներ էին, հարստություն՝ ոսկի, զարդարանք, պղնձե աման-չաման, հալավ ու անկողինք, լցրեր էին էդ գյամիներու վրեն, որ տանեն վայելեն, էդ ամեն ծով թափվավ ու էդ գյամիներով Արծկեի հայեր գնացին Վանա կողմ ու փրկվան: Որտեղ զենք պահեր էին, փրկվան, որտեղ անզեն էին՝ կոտորվան...

Ամեն անգամ, երբ խոսելու հերթը Նահապետին էր հասնում, բոլորն էլ ուշադրությամբ լսում էին: Գիտեինք որ շատ փորձությունների միջով է անցել նա, շատ մահեր է տեսել, շատ հարազատների է կորցրել: Բայց որովհետև մյուսներն էլ քիչ բաներ չէին տեսել, պատմում էինք պատմում, և նյութը չէր սպառվում, լցված սրտերը չէին թեթևանում վշտից ու տառապանքների ցավից: Երբեմն օդաներում երևում էին նախագահ Ղուկասն ու կոմբչիչի քարտուղար Հարությունը: Գյուղում երեք կուսակցական կային երեքն էլ մյուսների պես կոտորածներից պատահաբար փրկված, նույն աշխարհից, նույն բարքերի ծնունդ, նույն բարբառներով խոսող՝ Ղուկասը, որ գյուղխորհրդի նախագահն էր, Կռապաշտ Նիոյի փոքր եղբայր Կարոն ու Հարությունը, որը երեքի մեծն էր և «կոմբչիչը»: Կարոն ոչնչի չէր խառնվում գյուղում, վախենում էր իր եղբայր Նիոյից: Ղուկասը գյուղի տերն ու տիրականն էր, բոլորին օգնության էր հասնում, բոլորին բարի խոսքեր էր ասում, միայն տրամադրությունն ընկնում էր, երբ հիշում էր, որ մաուզեր չունի: Ու ամեն անգամ կանչում էր զրասենյակ խնուսցի Ավոյին, համոզում էր, որ բերի, մաուզերը հանձնի:

– Երկինք, գետինք, չունի՛մ, չունի՛մ,– երդվում, իրեն պատռում էր Ավոն,– սովի տարին ծախսեր իմ, երեխեքին իմ պահեր...

– Իսկ ո՞վ ունի, հորոխպեր Ավո, որ դու չիտաս, ըսե, ո՞վ ունի...

– Երկի՛նք, գետի՛նք, տեղեկություն չունիմ...

Ղուկասն ամեն անգամ այդպիսի խոսակցություններից հետո տխրում էր, մնալով առանց մաուզերի: «Կոմբչիչ գրաբար» Հարությունը մաուզերի մասին չէր մտածում: Նա կարդում էր վերևից եկած գրությունները, պատասխաններ էր գրում, գյուղացիներին պատմում էր Լենինի ծրագրերի մասին։

Գյուղացիները հետաքրքրությամբ էին լսում Հարությունին, որովհետև նա հինգ տարի «կարդացել» էր Էրզրումի Սանասարյան դպրոցում։ Սկզբում նրան վարժապետ Հարություն էին ասում, հիմա՝ «կոմբջիջ» Հարություն էին ասում, կամ՝ «Գրաբար Հարություն», որովհետև խոսելու ժամանակ հաճախ էր գործածում «ըստ այնմ», «համենայն դեպս», «ուստի խնդրում եմ» արտահայտությունները։ Նոր անունը նախորդ ներից ավելի ազդեցիկ ու պատկառելի էր թվում։

Ղուկասն էլ, Հարությունն էլ Նահապետին լավ էին վերաբերվում։ Վարկ առաջարկեցին, որ կով առնի։ Նահապետը չվերցրեց, որովհետև, ինչքան էլ վերադարձնելու ժամանակը երկար էր, բայց դե, էլի պետք էր վերադարձնել, հողը մշակելու գործիքներ էին տալիս, գարնանը ցորենի սերմ տվեցին անվերադարձ։ Մի խոսքով, այդ նախագահն ու «կոմբջիջը» լավ մարդիկ էին, միայն Նահապետին դուր չէր գալիս, որ Ղուկասը սրան-նրան հարցնում էր, թե ո՞վ թաքցրած զենք ունի։ Մի անգամ էլ Նահապետին հարցրեց, «Հորոխպեր, քեզնե թաքուն չեն պահի, ասած կլինեն քեզի, ո՞վ մաուզեր ունի»...

Նահապետն ի՞նչ իմանար։ Եթե իմանար էլ, ինչպե՞ս ասեր։ Ի՞նչ է անում էդ նախագահ Ղուկասը մաուզերը, «Խորհրդային իշխանություն ի, ազատություն ի, զենք ի՞նչ պետք ի,– մտածում էր Նահապետը,– ինքը կասի, թե՝ էլ կռիվ, կոտորած չէլնի, բա ինչի՞ մավզերի ցավ ընկեր ի իր ջան»...

Խորը ձմեռվա օրերին Մովսեսի օդայում արդեն գլխավոր ասացողը Նահապետն էր։ Լեզուն բացվել էր, միջավայրը հարազատացել, մարդիկ ընկերներ-եղբայրներ էին։ Ու նա պատմում էր Սասնա տան, Սանասարի ու Բաղդասարի, Մեծ Մհերի ու Թլոլ Դավթի, Խանդութի ու պստիկ Դավթի պատմությունները։ Ու սասունցիները զարմանքով լսում էին նրանք զարմանում էին, որ արտամետցին այդպես գիտի իրենց սարերն ու ձորերը, իրենց Մարութա վանքն ու մատուռների ահուները: «Կոմբջիջ» Հարությունը հիշեցնում էր Նահապետին մոռացած ու պակաս թողած մասերը, Ղուկասը մյուսների ցրվելուց հետո շուտ թողնում գնում էր: Մասնա ծռերից հետո Նահապետը պատմեց Մոկաց Միրզայի պատմությունը, ապա Մամեն ու Ջինեն ու էլի ուրիշ քրդական պատմություններ:

Ամեն ուշ իրիկուն օդայից դուրս գալիս, Մովսեսի թոնրատան առաջ մի րոպե կանգ էր առնում, որ Նուբարը դուրս գա:

Նուբարն էլ Մովսեսի թոնրատանն ամեն իրիկուն հավաքվող կնիկների հետ էր նստում: Նրանք էլ, գուլպա ու շալեր գործելով՝ խոսում էին ամեն բանից, անցած ու դարձածից:

Իրենց տունն էին վերադառնում Նահապետն ու Նուբարը, վառում էին թիթեղե վառարանը, նստում էին նրա շուրջն ու, մենակ զգալով իրենց, խոսում էին ցածրաձայն, մտերմիկ, ինչպես մարդ իր սրտի հետ էր խոսում:

– Ինչքան մնաց, որ տղացկան էլնես, Նուբար...

– Էսօր էլի մի անգամ սրտի տակ խաղաց...

Ասում ու ամաչում, կարմրում էր.

– Շատ չար, անդադար լաճ կերևա...

Երկուսով էլ ծիծաղում էին:

– Ի՞նչ գիտես լաճ ի: Միգուցե աղջի՞կ ի:

– Լաճ ի,– հաստատ հավատում ու հավատացնում էր Նուբարը,– որ լաճ էլնի, քո առջնեկի անուն կդնենք վրեն՝ Ժիրայր, որ աղջիկ եղավ, իմ առջնեկի անուն կդնենք՝ Ծովինար: Վեց ամիս էլ չապրեց անմեղ հրեշտակ Ծովինար...

– Լաճ եղավ թե աղջիկ, աստծու կամեցածն ի, իմ համար էլ ընդունելի ի,– ասաց Նահապետը:

– Բայց ես կուզեմ, որ լաճ էլնի, Նահապետ, որ քո տոհմի անուն պահի, որ դու ուրախանաս, մխիթարվես...

Նահապետը, Նուբարի այդ խոսքից հուզվելով՝ չգիտեր ինչ ասի։

– Ապրե՛ս, Նուբա՛ր,– ասաց երկար լռելուց հետո, – շնորհակալ եմ աստծուց, որ քեզի ճամփեց իմ մոտ։ Ուրիշ բան չունիմ խնդրելու...

Ձմեռը Նահապետի համար անցավ օդաներում ու գյուղամիջում՝ արևկող պատերի տակ։ Այնպես էր սովորել գյուղի հասարակությանը, որ մի օր տանը մնալով, կարծում էր թե աշխարհում շատ կարևոր փոփոխություններ են եղել ու ինքը չի լսել։ «Կոմբջիջ» Հարությունը նիհար, միջահասակ, թուխ գլուխը մարմնից մեծ, մի երեսուն-երեսուներկու տարեկան մարդ, թերթ էր կարդում հաճախ, բացատրում էր։ Լենինը հիվանդ է, որ առողջանա, ոտքի կանգնի, պիտի երկիրը ման գա, տեսնի ինչպես է ժողովուրդն ապրում, տեսնի ինչպես է հողը բաժանվել մարդկանց վրա։ Հաց չունեցողին հաց կտա, անարդար գործ բռնողին կպատժի, էնպես կանի, որ աշխարհի վրա անարդարություն չէլնի, զրկող ու զրկվող չլինեն։ Պատմում էր, թե ինգլիզն ու մյուս մեծ տերությունները ուզում էին Լենինի դրած օրենքները ջնջեն աշխարհի երեսից, չկարողացան։ Հիմա էլ ուրախացել են, որ Լենինը հիվանդ է, բայց նրանց երկրի բանվոր-աշխատավոր մարդիկ Լենինի կողմն են և նամակներ են գրում ու ցանկանում են, որ ընկեր Լենինն առողջանա, աշխարհը կառավարի...

Ինչ որ լսում, գալիս տուն Նուբարին պատմում էր Նահապետը, լսած լուրերին խառնելով նաև իր մտածումներն ու ցանկությունները։

– Հեյ գիտի, հա՛, Լենին մի քառասուն տարի առաջ աշխարհ գար, որ էդքան զուլում չտեսներ հայ ազգ, որ շուն Սուլթան Համիդ և Էնվեր ու Թալյաթը հայերուն չկոտորեին...

Մտածում էր, մտածում ու բարձրաձայն շարունակում էր իր մտքերը.

– Հիմի հինգ անգամ հայ ազգ շատ կէլներ, եթե էդքան

չկոտորվեր... Գետերի ջուր կարմրեր էր հայու արնից, ձորեր դիակներով էին լցվեր...

Կրկին ծխում էր, լռում: Հետո դարձյալ խոսում էր՝ կամ ինքն իր հետ, կամ Նուբարին դիմելով:

– Բայց հայ ազդ դիմացկուն ի, Նուբար, քարի պես պինդ ի, ծովի պես անսպառ ի: Էդ ինչի՞ց ի, որ էդպես ի հայ ազդ, քո կարծիք ի՞նչ ի, Նուբար...

Նուբարը թոթվում էր ուսերը, Նահապետը շարունակում էր:

– Որովհետև արդար ի, սիրտ մաքուր ի, աշխատանք կսիրի, ծուլություն չի սիրի, կյանք կսիրի, մահ չի սիրի... Ու էդ պատճառով էլ կմեռնի՝ հարություն կառնի, մեկ կմնա, մեկ հարիր կդառնա, հարիրն էլ հազար, տաս հազար կդառնա:

Նուբարը սիրում էր, որ Նահապետն այդպիսի բաներ է խոսում: Գյուղում ասում էին, որ Նահապետը խելոք մարդ է: Լսելով այդ կարծիքները՝ Նուբարն ուրախանալով ուրախանում էր, ու Նահապետի ամեն մի խոսքը իմաստուն էր թվում նրան:

Գիշերներն արդեն կարճանում էին, ցերեկները երկարում: Մի երկու անգամ գարունը երևաց, շողաց-շողշողաց փետրվար ամսվա մեջ ու ետ գնաց դարձյալ: Բայց ահա էլի եկավ: Եկավ ու հիմա արդեն կմնա: Մարտի 9-ին լագլագ վեր բնին: Արտամետից Վան տանող ճանապարհին, ծովափի մոտ չորս բարդի կար: Մարտի ութի երեկոյան կողմ անցնեիր այդ բարդիների մոտով, արագիլների բները դատարկ էին, մյուս օրը վերադառնայիր, բների վրա նստել էին մայր արագիլները, հայրերը մի ոտի վրա կանգնած էին լինում նրանց կողքին ու անցնող-դարձող մարդկանց բարև էին տալիս կափկափելով: Իսկ տների քիվերի վրա ճռվողում էին սարյակները, տների ներսում, կտուրի տակ, իրենց բներն էին նորոգում մկրատաթև ծիծեռնակները:

Այստեղի գարունն էլ երկրի գարնան պես ծիծղուն է: Արագածի այդ ցածր փեշերի վրա գարունը բացվում է մի քիչ ուշ, քան արանում, բայց բացվում է միանգամից:

Պետք էր Արտամետի կտերից աճած շիվերին մի թեթև փայտն լցնել ու ջուր ցանել վրան, փխրեցնել տնկիների արմատների շուրջը, հողը երեսից վարել ու մարգեր շինել կանաչեղեն ցանելու, աշնանը բերած տնկիները տնկել:

Նահապետը դարձյալ սկսեց սակավ երևալ գյուղամեջ, հետո այլևս չէր գնում: Գարուն էր, մաքիները չորսն էլ ծնել էին, մեկը զույգ գառ էր բերել, հողի աշխատանքներն էին սկսվում: Մոտենում էին Նուբարի երկունքի օրերը...

Շարժման մեջ էր Նահապետը, մի րոպե հանգիստ չուներ: Բավական է Նուբարի բերնից մի խոսք դուրս գար, անմիջապես տեղից վեր էր թռչում ջահել տղայի նման:

– Ի՞նչ կուզես, Նուբար, ի՞նչ ի պետք քեզի...

Երկու ֆունտ շաքար էր գնել, ամեն օր թեյ էր դնում Նուբարի համար: Նուբարը լուրջ բարկանում էր նրա վրա, ամաչում էր, որ Նահապետը, տղամարդ լինելով, ծառայում է իրեն:

– Ես պիտի քեզի ծառայեմ, Նահապետ, ոչ թե դու ընձի, ամոթ ի...

– Ամոթ էն ի, որ դու հիմի չարչարվես,– ասում էր Նահապետը,– դու պիտի զգույշ էլնես հիմա քո շարժմունքի մեջ...

Ու եկավ սպասած օրը: Մի գիշեր լուսադեմին Նուբարը ձայն տվեց Նահապետին, կարծելով թե նա քնած է:

– Նահապետ:

– Ի՞նչ ի, Նուբար, ասա,– վեր թռչելով տեղից, անհանգստացած հարցրեց Նահապետը:

– Հագի քո շորեր, գնա Մարիամին կանչի, Նահապետ...

Նահապետը հասկացավ, թե ինչու է Նուբարը Մովսեսի տարեց կնոջը կանչում այս ժամին, ու մի րոպեում հագավ շորերը:

– Բայց նա տատմե՞ր ի, Նուբար, էդ գործից կհասկանա՞...

– Գնա, գնա կանչի, Նահապետ: Ճրագ վառի...

Նահապետը ճրագը վառեց ու վազեց դուրս:

Կանուխ առավոտվա սառը քամին խփեց նրա դեմքին,

լուսաստղի փայլփլանքներ ընկան աչքի մեջ: Ամբողջ գյուղով մեկ, մոտիկ ու հեռու տներից, գյուղի բոլոր թաղերից կանչում էին աքաղաղները: Ավետում էին աշխարհի վրա բացվող առավոտը:

Մովսեսն արթնացած, մարագից սակառով դարման էր տանում անասուններին: Տեսնելով Նահապետին՝ զարմացած հարցրեց:

– Խե՞ր է, Նահապե՛տ ախպեր...

– Խեր ի: Մարիամ քույրիկ, թող մեր տուն գա...

– Փառք, քըզի, աստված,– մրմնջաց Մովսեսն ու վազեց ներս,– հիմի կիգա...

Նահապետը ետ վազեց տուն ու շեմից ձայն տվեց.

– Հիմի կիգա, Նուբար, Նիոյի կնկան էլ չկանչե՞մ...

– Չէ, ամոթ ի,– շշնջաց Նուբարը,– սաղ գեղական թող չթափվեն գան...

Բայց չանցած մի րոպե, ներս մտան և Մարիամը, և Նիոյի կինը:

– Դու դուրս գնա, Նահապետ ախպեր,– ասաց Նիոյի կին Վարսոն, որ ամուսնու պես արձակ-համարձակ էր ամեն տեղ ու բոլորի հետ,– էստեղ քու տեղ չէ, հետո մենք քըզի կկանչինք, գնա մեր աչքալուսանք պատրաստե...

Նահապետը դուրս եկավ: Արևելքն արդեն կարմրում էր, բայց աքաղաղները դեռ չէին հանդարտվում: Հետո գյուղը լցվեց կովերի ու ոչխարների բառաչով ու մայունով, շների հաչոցով, սարյակների ու ծիծեռնակների ճռվողյունով: Արևը խաղում էր արդեն Արարատների կատարներին, բայց դաշտերի ու լեռնալանջերի վրա դեռ մնում էր նրանց բարակ ստվերը՝ հորիզոնից հորիզոններ ձգվող շղարշը:

Նահապետը քայլում էր իր տան շուրջը, ականջը ձայնի էր պահում, հետո գնում էր դեպի պարտեզը, անցնում ջահել խնձորենիների շարքերի մոտով: Մի տեղում կանգնել ու սպասել չէր կարողանում: Արևը ծագեց: Այնպե՛ս մեծ էր այսօրվա արևը, այնպես պայծառ, տաք: Մի րոպեում դողն անցավ Նահապետի մարմնից:

Բայց ինչո՞ւ է այսքան ուշանում ծնունդը: Մանուշակի երկունքներն այսքան երկար չէին լինում: Ցավերը բռնում էին թե չէ, կես ժամ հետո երեխան ծնվում էր: Ինչո՞ւ է այսպես ուշանում: Եվ Նահապետն սկսեց վախենալ: Վախը նրա մտքից մտավ սիրտը, ցնցեց, ապա թափանցեց բոլոր երակների մեջ: Աղիքները կարծես գալարվում էին ցավից: Նուբարին մի բան չպատահի՞: Այդ մտքից ցնցվում էր մարմինը, դողում էր սիրտը:

Իր տան կողմից եկավ ծերունի Մովսեսը: Նա զարմացած նայեց Նահապետին, տեսավ, թե ինչպես է գունատվել նրա դեմքը, կուչ է եկել բարձր հասակը, կռացել է: Ամեն ինչ հասկացավ նա, բայց անհանգստություն ցույց չտվեց:

– Օր բարի է էսօր, Նահապետ,– ասաց նա հանդարտ եղանակով ու նստեց թմբին,– նստի, Նահապետ, նստի մեկ մեկ ջղարա ծխինք... Էն աղբրից որ ջուր է եկել, Նահապետ, պիտի միշտ լե գա, չկտրվի: Ով որ աղբրի ակունք փակե, կանիծվի, իսկ աղբյուր էլի կբացվի, ջուր գլգլալով դուրս կիտա... Քու կյանք լե հիմի աղբուրի նման ի, Նահապետ, ակունք որ փակվեր էր, հիմի բացվեր է...

Նահապետը ժպտաց: Աչքերը լցվեցին: Հիմա, հիմա կարող էին արցունքի շիթերը շողալ, ինչպես անձրևի կաթիլ՝ արևի տակ:

– Դու սուրբ մարդ ես, Մովսես ախպեր...

– Մեղա,– շշնջաց Մովսեսը,– մենք մեղավոր հողածին ինք, Նահապետ, մեղք մի էրա քու հոգուն...

Նրա փոքրիկ գլուխը ցնցվում, դողում-դողդողում էր ուսերի վրա:

– Էդ աղբուր որ կասես,– վրա բերեց Նահապետը,– էդ աղբուր ես չեմ, հայ ազգն ի էդ աղբուր...

– Հայ ազգ լե՝ դո՛ւ իս, ես եմ, երրորդն է, չորրորդն է...

– Ճշմարիտ ի, Մովսես ախպեր, ճշմարիտ ի,– համաձայնեց Նահապետը ծխելով:

Արևը գլորվելով վեր էր բարձրանում: Ինչքան էլ Մովսեսն աշխատում էր հանգստացնել Նահապետին, նրա սիրտը դարձյալ թրթռում էր, ականջը ձայների էր...

Երկու ժամից ավելի էր, որ Նուբարը ցավերի մեջ էր. «Հոգիս դուրս գա, Նուբար: Երանի էն րոպեին, որ էդ փորձանքից պրծնես»,– մտածում էր Նահապետը՝ լսելով ու ասելով Մովսեսին, որ երկրում պատահած մի խրատական պատմություն էր պատմում:

– Մովսես ախպեր, մի կին չկա՞ ուղարկենք իմանա, թե ինչպես ի քո հարս...

«Քո հարսը» Նուբարն էր: Իր երկրի ժամանակվա պես ուրիշի ներկայությամբ նա իր կնոջ անունը չէր տալիս:

– Իմ սիրտ անհանգիստ ի, Մովսես ախպեր...

Մովսեսը կանչեց իր հարսին, որ ուղարկի տեղեկություն բերելու:

– Կնիկ է, ցավ լե կքաշե, երեխա լե կբերե, հո՞րի կվախենաս, Նահապետ...

– Որովհետև դժբախտություններ եմ տեսեր, էլ բավական ի...

Մովսեսի հարսը դեռ շեմին չէր հասել, որ դուրս եկավ Կռապաշտ Նիոյի կինն ու բաձր կանչեց.

– Վոշիկ ախպեր Նահապետ, իմ աչքալուսանք քու վրեն: Նուբար մի շեկլիկ, հրեղեն տղա բերեց քըզի...

Նահապետի գլուխը պտտվեց: Աչքերի առաջ մի րոպե մթնեց:

– Փառք քըզի, աստված,– շշնջաց Մովսեսը:

Վարսոն կանչեց ու ետ գնաց:

Մի րոպե հետո սթափվելով, Նահապետը վեր կացավ ու վազեց տան կողմը: Ուզում էր ներս մտնել: Դուռը փակել էին ներսից: Լսեց նորածնի ճիչը: Ոտքերը թուլացան: Կընկներ, եթե չհենվեր պատին: Դուռը թակեց: Ներսից հարցրին, թե ո՞վ է:

– Նահապետն ի... բացե՛ք...

– Համբերութեն չունի՞ս, վոշիկ ախպեր, ներսից կանչեց Վարսոն,– հըա համբերե, Նուբար քըզի համար մի երեխա լե պըտի բերե, ջնիկ ին, ջնիկ...

Նահապետն ուղղակի շշմել էր: Մի՞թե աստված կարող է

այդքան բախտավորություն տալ մարդու: Եթե պիտի տար, ինչո՞ւ առաջին անգամ տվածը ետ առավ, խլեց...

Տեսնելով, որ կանայք ներս չեն թողնում Նահապետին, Մովսեսը նրան կանչեց իր մոտ ու ստիպեց, որ գնա իրենց տունը: Այնտեղ երկու բաժակ օղի լցրեց, մեկը՝ Նահապետին, մյուսն իրեն: Ու գավաթը բարձրացնելով հուզված խոսեց:

– Հիմի դու մենակ մարդ չիս, Նահապետ, դու գերդաստան ունիս, կխմեմ քո գերդաստանի կենաց...

Հետո եկան, ասացին, որ երկրորդ երեխան էլ ծնվեց, երկրորդն էլ աղջիկ է: Կանայք մի ժամ հետո թույլ տվին, որ Նահապետը գնա Նուբարի մոտ:

Նահապետը դողդոջուն քայլերով ներս մտավ: Դրսի շլացուցիչ արևից աչքերի առաջ առարկաները շաղվում էին իրար: Մարիամն ու Վարսոն, ձեռները կրծքներին խաչած, կանգնել «օթախի» պատի տակ, նայում էին նրան: Շեմից ներս քայլեց շփոթված: Տեսավ Նուբարին, աջ, ձախ կողմերում բարուրներ:

Նուբարը նայում էր նրան ու հանգիստ ժպտում էր: Դեմքը գունատ էր, աչքերն ավելի խոշորացած, գունատ փայլով նայում էին նրան: Մոտեցավ կնոջ անկողնուն:

– Նահապե՛տ...,– կանչեց Նուբարը,– Նահապե՛տ...

Նահապետը չոքեց նրա անկողնի առաջ, ձգվեց, կռացավ, համբուրեց Նուբարի գունատ ճակատը: Հետո վերմակի տակից հանեց նրա երկու ձեռքերը, միացրեց իրար, առավ իր զույգ ձեռքերի մեջ, մոտեցրեց շուրթերին, համբուրեց ու դրեց աչքերին...

Մարիամն ու Վարսոն նայում էին իրար ու ժպտում էին:

Նահապետը Նուբարի ձեռքերը երկար ժամանակ պահում էր իր աչքերի վրա:

– Տե՛ս, քո ուռուսի ճտերուն տես,– կանչեց Վարսոն:

Նահապետը ոտքի ելավ: Վարսոն ու Մարիամ քույրիկը, ամեն մեկը մի բարուր գրկած, մոտեցան նրան, բացեցին նորածինների երեսները: Պստլիկ, շեկլիկ մկնիկներ էին երկուսն էլ, և դժվար էր որոշել, նրանցից որն է աղջիկը, որը՝ տղան:

– Ուռուսի սալդատ լէ էս կողմերով չի անցեր, վի՞րն ին քաշեր քո ճժեր, վոշիկ ախպեր,– հարցնում էր Վարսոն Նահապետին: Մարիամն այդ խոսքերից ամաչելով, ձախ թևով խփում էր նրան ու քրթմնջում:

– Ամոթ է, ծուռ Վարսո, էդ ի՞նչ է կխոսաս...

Նահապետը նայում էր նորածիններին այնպիսի հետաքրքրությամբ, որ կարծես կյանքում առաջին անգամն էր նոր ծնված երեխա տեսնում:

– Նուբարի նման են,– շշնջաց Մարիամը:

– Չէ՛, վալլա՛հ, ուռուս ին,– պնդում էր Վարսոն:

Մեջքի վրա պառկած Նուբարը նայում էր նրանց, լսում էր այդ կատակներն ու լուռ ժպտում էր: Աչքերը շողում էին գունատ փայլով:

– Անուններ ի՞նչ կդնիս, վոշի՛կ,– հարցրեց Վարսոն: Նա բոլոր նրանց, որ սասունցի կամ մշեցի չէին, վոշիկ էր ասում, Վանի, Շատախի, Մոկսի կողմերից փախած բոլոր գեղջուկ գաղթականներին:

– Անուններ Նուբար արդեն դրեր ի,– ասաց Նահապետը,– լաճու անուն՝ Ժիրայր, աղջկա անուն՝ Ծովինար...

– Աչքալուսանք, մեր աչքալուսանք, վոշիկ ախպեր...

Նահապետը բարուրները վերադարձրեց նրանց ու դուրս գնաց:

Քիչ հետո վերադարձավ, ուռենու ճյուղերից իր ձեռքով գործած զամբյուղի մեջ չորս հատ մեծ, կարմրակեղև նուռ, որ աշնանից պահել էր դարմանի մեջ ու մի քանի խնձոր.

– Էս քեզի, Մարիամ քույրիկ, էս էլ քեզի, քույրիկ Վարսո, բայց մեծ աչքալուսանք՝ հետո, իմ վզի պարտքն էնի... Էս էք տղացկանին:

Խնձորները նրանց տվեց, նուռերը պահեց Նուբարին:

Լայն մի թաս բերելով՝ նրա մեջ ջարդեց նուռերը: Շողշողուն արնածոր հատիկները թափվեցին թասի մեջ՝ արյան շիթեր նետելով շուրջը: Թասը դրեց կնոջ աջ ձեռքի կողմը:

– Կե՛ր Նուբար, մարխոշ նուռ ի...

Հասկանալով, որ Նուբարը շուռ գալ ու նռան հատիկները վերցնել չի կարողանա, մի գդալ բերեց: Գդալը հատիկներով լցնում ու պարզում էր Նուբարի շրթունքներին:

Մարիամն ու Վարսոն նայում էին արդեն ծերացած այդ մարդու փայփայանքներին ու զարմանքով գլուխներն օրորում:

– Կտեսնի՞ս, վոշիկն իմալ իր կնկա դաղրը կիասկնա,– ասում էր Վարսոն,– հո մեր ծռերու պես չէ, որ ըսկի տղացկան կնկա երես լե չիզան, մինչև չելնի վեր...

Վարսոն գնաց, քիչ հետո վերադարձավ՝ թավայով խավիծ բերելով Նուբարի համար: Թավան շորով փաթաթել էր, որ ճանապարհին խավիծը չպաղի: Մարիամն էլ հետո ձվածեղ բերեց: Ամեն մեկը նստում էր Նուբարի մոտ, Նահապետի պես գդալով կերցնում իր բերածը:

Մինչև իրիկուն նրանք մնացին Նուբարի մոտ: Երեկոյան Մովսեսը, դուրս կանչելով Նահապետին՝ ասաց.

– Դու արի մեր տուն քնի, Մարիամ թող գիշեր մնա ձեր տուն...

– Չէ՛, ես տուն կմնամ, որ պետք եղավ, քույրիկ Մարիամին կկանչեմ,– պատասխանեց Նահապետը:

– Բարի գիշեր, Նահապետ ախպեր,– կանչեց Վարսոն,– մեր աչքալուսանք չմոռանաս, որ մոռցար, կիզամ Ծովինարին կտանիմ աչքալուսանքի տեղ:– Ինչքան աստված կանչեցինք, մըզի աղջիկ չտվեց: Կիզամ կտանիմ Ծովինարին: Նուբար թող մեկ լե բերե: Էնպես կնիկ իս առեր, որ հինգ հատ լե բերե, օֆ չենե...

– Իր մարդու պես հանաքչի ի,– ասաց Նահապետը Վարսոյի գնալուց հետո,– կուժ գլորվեր ի, գտեր ի պուտուկ...

– Շատ լե քաջ կնիկ էր,– ասաց Մովսեսը,– հրացանով Նիոյի կողքին կկռվեր թուրքերի ու քրդերու դեմ: Վարսո մ'ըսե, կրակ ու բոց ըսե: Ով Վարսոն չճանչնա, սխալ կարծիք կանե, կմտածե թե առըզ կնիկ է: Վարսոն ֆիդայիներու պահապան օգնականն էր երկիր...

Մինչև առավոտ Նահապետը քնում էր ու արթնանում, քնում էր ու անմիջապես արթնանում՝ նայում էր Նուբարին: Նավթի լամպը վառ էր թողել, որ տեսնի նրան ու երեխաներին:

– Քնի, Նահապետ, քեզի մի ջարդի...

Երեխաները երբեմն ճչում, նվում էին: Վեր էր կենում, բարուրները գրկում ու քայլում էր «օթախի» մեջ: Ու հին-հին, վաղուց մոռացված երգեր էր դնդնում քթի տակ, կամաց, թույլ ձայնով, որ Նուբարը չարթնանա:

– Նահապետ, էդ եղանակ ես կհիշեմ, բայց խոսքեր մոռցեր եմ,– ասաց Նուբարը, երբ Նահապետը ցածր երգում էր,– ինչպե՞ս են խոսքեր:– Կամաց երգի լսեմ, Նահապետ...

Ու Նահապետը մեղմ ձայնով երգեց.

...Ես մի չոր ծառ էի,
Դու զարնան արև...

– Ինչպես չես մոռնա էդ հին երգեր, Նահապետ, – ասաց Նուբարը: Աչքերը երազանքով փակեց ու դողդողացող շուրթերով շշնջաց երգի շարունակությունը.

Քո սիրով ծաղկեցին
Իմ ճյուղքն ու տերև...

Ժ

Մյուս օրը Նահապետն իր տան մուտքի առաջ, աջ ու ձախ կողմերում երկու խնձորենի տնկեց, այն մատաղ տնկիներից, որ քավոր Հակոբի երկրեն բերած կորիզներից էին աճել: Հետաքրքրվողներին բացատրում էր Արտամետի հին սովորությունը, որ պետք չի մոռնան: Ամեն ծնված երեխայի համար մի խնձորենի էին տնկում երկրում: Երբ երեխան մեծանում էր՝ խնամում, պահում, պահպանում էր իր խնձորի ծառը:

Բոլորի աչքի առաջ փոսերը փորեց, ոչխարի մանրած բշկուլ խառնեց հողին, տնկիների արմատները հարմար տեղավորեց նրանց մեջ ու հողով ծածկելով ջրեց: Ավարտելով գործը, նստեց պատի տակ, գրպանից հանեց թութունի տոպրակը.

– Էսօրվանից երդում կուտեմ և ուխտ կանեմ,– ասաց, սիգարան փաթաթելով ու տոպրակը Նիոյին պարզելով,– ուխտ կանեմ, որ ում տուն երեխա ծնվի, նրա դռան առաջ խնձորի ծառ տնկեմ և ամեն ամառ պատրուսեմ...

– Իյա՜,– զարմացավ Նիոն,– էդ ի՞նչ է կրսիս, հա՛յ...

– Ինչ որ լսեցիր, էն ի կասեմ: Ինչ տնից որ նորածինի ձեն ընկնի իմ ականջ, էդ տան դուռ պիտի Արտամետի խնձորի ծառ տնկեմ... ես մեծ քաջություն, մեծ հերոսություն չեմ արեր, ես չեմ կանա երկիր ու ազգ փրկեմ, իմ պարտքն ու իմ ուխտն էլ թող էդ գործն էնի...

– Ուրեմն իմ դուռ լե խնձոր տնկվավ,– ուրախացած ասաց Նիոն,– թոռնիկ պիտի ծնվի...

Մի շաբաթ հետո Նուբարը ոտքի վրա էր արդեն և ինքն էր ջրում «ջնիկ» երեխաների համար տնկված խնձորենիները: Բոլոր հարևան կանայք գալիս գնում էին նրա մոտ: Մի անգամ առավոտ շուտ Վարսոն եկավ ու ցնծությամբ հայտնեց, որ իրեն աղջիկ թոռնիկ է ծնվել: Նուբարն ու Նահապետը շնորհավորեցին: Նահապետը գետնից հանեց մի մատաղ խնձորենի ու գնաց նրանց տունը: Այդ ավանդությունը, որ նա երկրից բերել ու հաստատում էր այստեղ, Արագածի լանջի այս գյուղում, բոլորի մեջ հետաքրքրություն էր ծնել ու բոլորին էլ դուր էր գալիս: Գյուղի համարյա կեսը հավաքվել էր թամաշայի, երբ «Կռապաշտ Նիոյի» տան առաջ, հարմար տեղ ընտրելով, Նահապետը խնձորենի էր տնկում նրա նորածին թոռնիկի համար: Աշխատանքն ավարտելով, Նահապետը Նիոյին ասաց.

– Նիո ախպեր, աչքդ լույս էլնի, խնձորի ծառի պես մեծանա քո թոռնիկ, գեղեցիկ ծաղիկներ տա, քաղցր պտուղներ տա, շոգ օրերին հով անի, ցուրտ օրերին կանգնի քամու դեմ:

Երկու օր հետո նախագահի Ղուկասն էլ երեխա ունեցավ, ու Նահապետը խնձորի տնկին ձեռքին, հայտնվեց նաև նրա դռանը...

Իր գործը կատարելուց առաջ՝ խնդրում էր տան տիրոջը՝ երդում տա, որ իր տնկած խնձորենին կպահպանի, չի թողնի երեխաները ջարդեն, անասունները ոտի տակ տան:

Երբ երրորդ տան առաջ նույնպես խնձոր տնկեց Նահապետը, արդեն բոլորը հասկացան, որ նա հանաք չէր արել, մանավանդ, որ ամեն օր գնում էր տեսնելու, թե ինչ վիճակի մեջ են տնկած մատաղ խնձորենիները:

Ապրիլի վերջին օրերին գյուղում ծնվեցին էլի մի քանի երեխա՝ երեք տղա, երկու աղջիկ: Նահապետը հերթով ներկայացավ նորածինների ծնողներին, բայց առանց տնկիների: Առաջին անգամ գյուղացիները զարմացան՝ մի՞թե նախապետը խախտել է իր ուխտը, կամ գուցե տնկինե՞ր չունի: Իսկ նա ներս մտավ սասունցի Միրոյի տունը, շնորհավորեց նրան տղա թոռնիկ ունենալու համար, մաղթեց, որ միշտ այդ հարկի տակ նորածինների ճիչեր լսվեն, տոհմը մեծանա ու մեծանա. «Երկնքի աստղերին ու ծովի ավազներին համրանք էլնի, հայ ազգին համրանք չէլնի, ինչքան որ քչացիր ենք, յոթ էնքան շատնանք»:

Այդ բոլոր բարի խոսքերն ասելուց հետո, տանտիրոջ իրա վերրով նստեց թոնրի մոտ, մի կտոր հաց պոկեց, մի բաժակ օղի վերցրեց ու շարունակեց. «Բարի էլնի քո թոռան ծնունդ, Միրո ախպեր: Էնպես մարդ դառնա այս մանուկ, որ հայ ազգին մխիթարություն բերի, և ուրախություն և կենդանություն, ամեն: Եվ դու, Միրո ախպեր, բոլորից առավել ուրախանաս, քո աչքով նրա թագ ու պսակ տիսնաս, քո ձեռքով նրա կարմիր կապես: Համբերություն, զոհություն, կենդանություն»...

Ասաց այդ խոսքերը, խմեց իր օղին ու բացատրեց, թե ինչու է դատարկաձեռն եկել:

– Ծառեր արդեն զարթնիր են, բողբոջներ կբացվեն, տնկելու օրերն անցիր են: Իմ հոգու պարտքն ի, որ աշուն ձեր բակ խնձորի ծառ տնկեմ: Եվ թող աստված կամենա, որ ամեն տարի ավելանան խնձորի ծառեր ձեր դռան առաջ...

Հարյուրամյա, բայց դեռ ամրակազմ, առույգ, բարձրահասակ Միրոն հարգանքով խոնարհում էր գլուխն ու ծխում էր հաստ չիբուխը, մրցելով Նահապետի հետ: Միայն վերջին րոպեին, երբ Նահապետը հրաժեշտ տալով պիտի դուրս գնար, նա օրհնանքի խոսքեր ասաց ցածրաձայն.

– Հավիտյան անպակաս էղնիս մեր գեղեն, Նահապետ...

Ու ճամփու դնելով Նահապետին՝ հսկայական մահակը ձեռքին, վերադարձավ տուն: Իսկ Նահապետը շարունակեց իր ճանապարհը: Հինգ նորածինների տներ էլ մտավ, շնորհավորեց ծնողներին, բարի մաղթանքներ արավ ու ամեն տեղ բա ցատրելով, թե ծառեր տնկելու օրերն արդեն անցել են, խոստացավ, որ աշնանը կգա նրանց տունը իր երդումն ու պարտքը կատարելու: Ինքն իրեն կարգ հաստատեց, ձմռանն ու վաղ գարնանը ծնվածների համար պիտի ծառեր տնկեր գարնանը, ուշ գարնան, ամռան ու աշնանը ծնվածների համար՝ աշնանը:

Դեռ նրա վրա զարմացողներ ու ծիծաղողներ կային գյուղում, բայց ոչ մեկը նրա ներկայությամբ ոչ զարմանք էր հայտնում, ոչ էլ ծիծաղում էր նրա վարքի վրա: Գյուղացիների մեծամասնությունը հարգանքով էր վերաբերվում արտամետցի այգեգործին:

Նահապետն զգում էր այդ, ուրախանում ինքն իր մեջ: Ուրիշ վարձք ու պատիվ չէր սպասում նա: Այդքանն էլ բավական էր: Բավական էր, որ հասկանում են իրեն:

Գյուղամեջ էր գնում, ծխում, խոսում էին ամեն բանի մասին: Տուն էր գալիս, աշխատում էր իր հողակտորի վրա, փափկացնում էր մարգերի հողը, լայնացնում էր ջահել ծառերի բաժակները, բանջարների նոր ածիլներ էր տնկում, առվից ջրի բարակ մի վտակ բերելով, թողնում էր մարգերի վրա, որ նոր ու հավասար շերտով տարածվի նրանց մեջ: Ու նստելով իր սահմանաթմբին, նայում էր մարգերի մեջ որդեր որոնող սարյակների խաղին:

– Բավական ի, տուն արի, Նահապետ, անոթի ես, այ մարդ,– կանչում էր Նուբարը տան շեմից երկու բարուրներն աջ ու ձախ ձեռքերով գրկած: Ապա երեխաներին էր պատվիր ում, որ հորը կանչեն:

– Ժիրայր, ասա, այ հեր, բոլ ի աշխատես, մեղք ես, արի հաց կեր... Ծովինար, քո հոր կանչի, ասա ալի՛... հալի՛կ... Կարոտցիր եմ քեզի... ալի՛... ալի՜...

Այսպիսի դեպքերում Նահապետը բահը կամ փոցխը ցած էր դնում մարգի թմբին, շորերը հողից թափ տալով, գալիս էր Նուբարի ու երեխաների մոտ: Ամեն օր նախորդ օրվանից Նուբարը փոխված էր լինում նրա աչքին, դեմքն ավելի էր լուսավորվում, կապտավուն աչքերը տաք ցոլքեր էին նետում Նահապետի հոգու մեջ, շեկլիկ ճակատը շողում, շողշողում էր, շուրթերը ժպտում էին ջերմ ժպիտով: Այդ հասակում ամեն օր մեծանում են մարդիկ: Իսկ Նուբարն ամեն օր ջահելանում էր: Նահապետը վերցնում էր նրանից բարուրները, որ Նուբարը ներս գնա հաց դնելու սուփրային: Վերցնում էր՝ վախվխորած շուրջը նայելով: Հանկարծ մարդ չտեսնի՞, թե ինչպես է համբուրում երեխաներին:

– Մի պազի, Նահապետ,– կանչում էր Նուբարը,– քո բեղեր կծակեն երեխեքի երես...

Բայց եթե մարդ չէր լինում մոտերքում, Նահապետը թեթև հպում էր մազոտ շուրթերը մեկի, ապա մյուսի ճակատին, որից երեխաները սրսփում էին, լուսեղեն աչիկները խփում ու բացում էին, բացում ու զոցում: Գարնան առատ լույսը շատ էր նրանց փոքրիկ, փոքրիկ բիբերի համար: Երկար, երկար: նայում էր իր երեխաներին, ջանում էր նմանություն տեսնել նրանց ու իր կորցրած երեխաների հետ: Կարծես ինչ-որ բան հիշեցնում էր նրանց, բայց ի՞նչը՝ չէր կարողանում ասել: Սրանք նման էին Նուբարին, Նուբարինն են նրանց կապուտիկ աչքերը, շեկլիկ ճակատները: Եվ հուզմունքից միշտ մոռանում էր մի կարևոր բան: Եվ այդ կարևոր բանն այն էր, թե այս պստիկ հրեշտակներից ո՞րն է Ժիրայրը և որը՝ Տովինարը:

– Նուբար, մի արի էստեղ, Նուբար...

Նուբարը գալիս էր շեմի վրա:

– Ի՞նչի...

– Էլի խառնվիր են իրար, Նուբար, չեմ կարնա ջոկի...

Նուբարը ծիծաղելով վերցնում էր նրա ձեռքից բարուրներից մեկը:

– Հիմի ո՞ր մեկն ի քո մոտ մնացեր, Նահապետ:

– Տովինա՞րն ի...

Նուբարը ծիծաղից թուլանում էր:

– Ժիրայրն ի:

– Ճշմարի՞տ:

– Ճշմարիտ:

Չիմանալով՝ Նուբարը ճիշտ է ասում, թե ծիծաղում է իր վրա, Նահապետը բացում էր բարուրը և տեսնելով, թե որն է, շուտ փաթաթում էր, վախենալով, որ կարող է մրսեցնել:

Զարմանալի նման էին իրար Տովինարն ու Ժիրայրը: Ոչ ոք չէր զանազանում նրանց, բացի Նուբարից:

– Կմեծանան, կտարբերվեն իրարից, մի՛ վախենա, Նահապետ,– ասում էր Նուբարը,– մեկ տղա ի, մեկ աղջիկ, չեն խառնվի...

Մայիսի կեսերին եկան Ափրոն ու Անթառամը՝ երեխաներին կնքելու: Անունները հայտնի էին, բայց դեռ կնունքով չէին հաստատվել երեխաների վրա:

Սայլը Նահապետի դռանը հասավ թե չէ, Անթառամը ցած թռավ ու Նուբարին գրկեց իր երկար, չոր, երկաթե թևերով:

– Մատաղ էլնեմ քո բոյ ու բուսաթին, ազիզ հարսո ջան, Նուբար: Մեռնեմ քո ջանին, որ կենդանություն տվիր Նահապետին...

Խոսում ու արտասուքներն էր սրբում Անթառամը...

– Էլ մի՛ լաց էլնի, քուրո,– ասաց Նահապետը,– ինչքան

լաց ու շիվան արինք, բավական ի, լուռ չեղավ մեր լաց… Սրբի քո արցունքներ, քուրո…

– Ճշմարիտ ի,– հաստատեց Ափրոն,– լաց ու ողբ չեն փրկի, կփրկեն մարդուն՝ հո՛ւյս և հավա՛տ… Հարսանիքի ու մկրտության ժամանակ լաց վատ բան ի, ճիշտ կասի Նահապետ…

Անթառամը զոգնոցով վերջին անգամ սրբեց արտասուքները:

– Որ էդպես ի, էլ չեմ լա… ո՞ւր են իմ գառնուկներ…

– Քնիր են,– ասաց Նուբարը:

– Թող զարթնեն,– ասաց Անթառամը:

Ներս մտան: Երկու օրորոց իրար կողքի կանգնել էին «օթախի» վերին պատի տակ: Անթառամը վազեց նրանց կողմը:

– Մի՛ զարթնցու, թող քնեն,– ձայն տվեց Ափրոն:

Անթառամը բացեց երեխաների երեսները: Լույսն ընկավ նրանց դեմքերին: Ափրոն էլ մոտեցավ:

– Հողածին չեն, հրեշտակ են,– շշնջաց նա:

Անթառամի աչքերի մեջ կրկին արտասուքներ երևացին: Բայց նա այս անգամ ժպտում, ծիծաղում էր, որ Նահապետն ու Ափրոն չբարկանան, թե ինչու է լաց լինում: Արցունքներով լի աչքերը ժպտում էին, բարձր ծիծաղում էր:

– Ո՞ր երկնքեն ցած ընկան էս հրեշտակներ, ինչպե՞ս բռնեցիք: Ինչպե՞ս բռնեցիք, Նահապետ, Նուբար…

Հարցնում էր Անթառամն ու ծիծաղում էր, ծիծաղում: Հետո հանկարծ շտկվելով, փլվեց եղբոր կրծքին ու հեկեկաց.

– Իմ ազի՛զ ախպեր, Նահապե՛տ ջան… թողե՛ք, թե աստված կսիրեք: Թողեք ես լամ: Իմ սիրտ լիքն ի, լամ անձրևի պես, որ իմ հոգու վրայեն ամպեր անցնեն, իմ հոգու երկինք պարզվի…

Այս անգամ չկարողացան իրենց արտասուքները զսպել Նահապետն ու Նուբարն էլ:

Միայն Ափրոն դիմացավ, նա էլ դեմքը շրջեց, շուռ եկավ պատի կողմը:

Քիչ հետո զգաստացավ Անթառամը: Իր գրկից թաց թողեց Նահապետին ու Նուբարին:

– Իսկապես հերիք ի,– շշնջաց նա:

Երեխաներն արթնացել, աղավնիների պես գուղգուղում էին:

– Ո՞րն ի տղեն, ո՞րն ի աղջիկ: – հարցրեց Անթառամը:

– Թե որ կարողանա՛ս, ջոկի իրարից,– կատակեց Նահապետը:

Այս անգամ սրտանց ծիծաղեցին: Անթառամը բարուրի շորեր էր բերել իր հետ: Արձակեց երեխաների կապերը, բացեց նրանց և տարբերելով՝ համբուրեց փոքրիկների ուսերը,– փաթաթեց նոր շորերի մեջ ու ամեն մեկին մի թևով բռնած, սկսեց խաղացնել ու երգել.

– Մեռնե՛մ ձեզի, մեռնե՛մ ձեր հոր,
Ձեր հեր չէլներ, դուք հո՞ւստ կէլնիք...

Էլի ծիծաղեցին, Անթառամն էլի երգեց.

– Ձեր հոր մեռնեմ, ձեր մոր մեռնեմ,
Ապրեք, մեծնաք, հորով... մորով:

– Աղջիկ խորոտ ի, տղեն առավել, տղեն կտրիճ ի, աղջիկ նազելի: Ափրո, բեր քո հոգեպահուստ խնձորներ, մեկ Ժիրայրին, մեկ Ծովինարին, երկուս վաստկողներին, երկուսն էլ հորքուրին ու իր գլխավորին: Ափրո, բեր քու հոգեպահուստ խնձորներ, բեր տիսնանք քո խնձորն ի խորոտ, թե Ծովինար, տիսնանք քու նուռն ի շողուն, թե Ժիրայրի աչքեր: Բեր, Ափրո, բեր քո հոգեպահուստ նուռ ու խնձորներ... Ժիրայր իմ նուռն ի, Ծովինար իմ կարմիր խնձորն ի: Իմ հոգին ի, իմ սրտիկն ի...

– Ծռավ, ծռավ,– ծիծաղեց Ափրոն կնոջը նայելով,– ջիգյարի ծուռ ի... Վա՛յ, Անթառամ, վա՛յ...

– Ժիրայր, աաա աղա Ափրո, ի՞նչ ի կասես իմ

հորքուրին,– շարունակում էր Անթառամը,– Ծովինար, ասա աղա ջան Ափրո, իմ հորքուր ընձի կսիրի. ես ծով եմ, Ծովինար եմ, խորոտ եմ, քանց Վանա ծով, կարմիր եմ, քանց Արտամետի խնձոր...

Նուբարն ու Նահապետը իրար կողքի կանգնած՝ լուռ նայում էին Անթառամի անսկիզբ ու անվերջ զվարճախոսությանը: Ափրոն բեղերն էր ոլորում՝ ժպիտը կկոցած աչքերի խորքը տանելով: Երեխաներն էլ կարծես հորաքրոջ խոսքերից հմայված՝ լուռ նայում էին նրան իրենց բարուրների մեջ կապկպված:

– Տղեն խորոտ ի, աղջիկ առավել, տղեն կտրիճ ի, աղջիկ նազելի...

Կնունքին հավաքվել էին շատ գյուղացիներ: Քավորը մշեցի Մովսեսն էր: Հարնան «եռլական» գյուղից քահանա էին կանչել, որ կնունքը լինի բոլոր օրենքներով: Քահանան կատարեց բոլոր արարողությունները: Ժիրայր անունը հաստատվեց տղայի, Ծովինար անունը՝ աղջկա վրա:

– Դե շուտ էրե, տեր հայր,– շտապեցնում էր Կռապաշտ Նիոն,– շուտ պրծի, որ մենք լէ սեղան նստինք, մանուկներին օրշնինք մեր մեղավոր բերնով: Աստված արդարներուն շուտ չլսե, մեղավորներուն կլսե, մեղավորներուց կվախենա...

Քահանան, չճանաչելով Կռապաշտ Նիոյին, խեթ-խեթ, բարկացած նայում էր նրան ու երգեցիկ ձայնով երկարացնում էր իր ընթերցումը:

– Ուշ մի՛ դարձնու, տեր հայր, ծուռ է,– շշնջաց Մովսեսը: Նիոն լսեց, բայց ձեն չհանեց, մինչև սեղան նստեցին:

– Նահապետ, քու աչք լուս էղնի:

– Նուբար քույրիկ, հորով-մորով ջոջնան մանուկներ:

– Ափրո՛ ախպեր, քույրի՛կ Անթառամ, ձեր աչք ի լուս...

Առաջին բաժակներից հետո Կռապաշտ Նիոն հիշեց Մովսեսի խոսքերը, թե ինքը ծուռ է, հիշեց ու տաքացավ...

– Քավոր Մովսես,– դիմեց նրան Նիոն,– դու տերտրոջ ըսիր, որ ես ծուռ իմ: Ճշմարիտ, որ էդպես է, ես ծուռ իմ, կռապաշտ իմ, դու սուրբ իս, չկրնամ քու հետ համեմատվիմ:

Դու Մովսես մարգարեն իս, աստծու հետ կխոսիս: Դու որ ուզենաս, կխնդրիս աստծուն, որ մըզի մանանա լե թափե երկնքից: Հորի՞ մանանա չուզիս, հորի՞ աստծուն չհասկցուս, որ հայ ազգ մեղք է, բոլ է կոտորվի...

Մովսեսի փոքրիկ գլուխը բարկությունից պարում էր ուսերի վրա:

– Աստված լսեր է ու վերջ է տվեր կոտորածներուն, Նիո, բոլ է պիղծ խոսքեր թափիս:

– Հա՛յ, հա՛յ,– ծիծաղեց Նիոն,– որ հիմա կոտորած չկա, էդ աստծու կամքով չէ, էդ ընկեր Լենինի շնորհքն է...

Նախագահ Ղուկասն ուրախացավ կռապաշտի այդ խոսքի վրա:

– Ապրի՛ս դու, հորոխպեր Նիո, ճշմարիտ խոսք ըսիր,– հավանություն տվեց նախագահը:

Հուզմունքը մեծացավ սեղանի շուրջը: Քահանան խաչը բարձրացրեց, որ անիծի Նիոյին, նախագահ Ղուկասը թռավ, բռնեց նրա ձեռքը:

– Տերտեր, մի մոռնա, որ խորհրդային իշխանություն է...

Բոլորն այլայլված էին, բացի Նիոյից.

– Ոչ իր օրհնանքով իմ աշխարհ եկեր, ոչ էլ իր անեծքով պիտի աշխարհեն երթամ, – ասաց նա, ապա դարձավ տերտերի կողմը,– էսօր կնունքի օր է, տերտեր, քու բերան պիտի բարի մաղթանքների համար բացիս, ոչ թե անեծքի, սեր պիտի քարոզիս, ոչ թե ատելություն:

– Սեր՝ ոչ քեզ պես կռապաշտներին,– բարկացավ տերտերը:

– Շնորհակալ իմ, որ ճանչցար ընձի,– ասաց Նիոն,– թե մոլորյալ իմ, ճշմարիտ ճամփու բեր ընձի, տերտեր, հորի կանիծիս: Հլա հարցու, հորի՞ իմ ես կռապաշտ դարձեր... Որ դու չհարցուս, ես քըզի մի բան հարցում: Մենք էսքան բարեպաշտ քրիստոնյա ինք, հորի՞ աստված մըզի չսիրե, մեր հայ ազգին չսիրե:

– Աստված սիրում է հայ ազգին առավել, քան այլ ուրիշ ազգերի...

– Շատ լա՛վ: Որ կսիրե, հորի՞ կոտրել կիտա հայ ազգին:

– Ում որ սիրում է աստված, նրան էլ փորձության է ենթարկում, որ տեսնի հավատի ամրությունը:

– Կսիրե, դրա համար լե կկոտրե՞,– ծաղրանքն աչքերի մեջ հարցրեց Նիոն ու պատասխան չստանալով, շարունակեց,– հոգաչափ շնորհակալ ինք, հերիք է, էդ սիրուց, մենք կշտացեր ինք, հիմի լե թող թուրքին սիրե...

Ոմանք ծիծաղեցին, ոմանք զայրացան:

– Կեցցես, հորոխպեր,– կանչեց նախագահ Ղուկասը, մազերի փունջը ետ հրելով ճակատից: Բայց Նիոն ոտքի կանգնեց՝ բաժակը ձեռքին:

– Կներիք, ախպրտինք,– ասաց նա՝ այս անգամ ձայնը ցածրացնելով և հույժ լուրջ տոնով,– կներիք, որ կարգ կխանգարիմ ես: Եկեր ինք կնունքի: Նահապետ ախպեր, Նուբար քույրիկ, կխմիմ ձեր կենաց, երկու մանուկների կենաց ու էն երկու խնձորի ծառի կենաց, որ տնկեր իք ձեր դուռ մանուկներու ծնվելու օր: Կցանկամ, որ աճին, մեծնան էդ ծառեր, ոչ մի քամի ու փոթորիկ ճղքեր չկոտրե: Կցանկամ, որ երկար ապրիս, Նահապետ ախպեր, ու բոլորի դռներու առեջ խնձոր տնկիս: Էդ երկու մանուկ, երկու բախտ են ձըզի համար: Որ աստված էդ բախտ ձըզի չի տար, մենք կռապաշտ կդառնենք...

– Լենին խաղաղություն ի տվեր,– ասաց Ափրոն,– ուրեմն շնորհակալ էլնենք Լենինին...

Շուռ գալով Նահապետի կողմը, Ափրոն աչքով ցույց տվեց Նիոյին.

– Լավ մարդ ի: Ես կսիրեմ ծուռ մարդերաց...

Քահանան մռայլ նստել էր: Քիչ հետո վեր կացավ ու բացատրելով, որ իրենց գյուղում էլ կնունք կա, սպասում են իրեն, արագ օրհնեց սեղանն ու գնաց:

Աղմուկն ավելի շատացավ: Ծերերը մեղադրում էին Նիոյին, ջահելները նախագահ, Ղուկասի հետ միասին՝ պաշտպանում էին նրան:

– Լավ չէր, Նիո,– ասում էր Մովսեսը,– պատիվ, շնորհք կպահանջին, որ...

– Ի՞նչ կպահանջին,– ընդհատում էր նրան Նիոն,– կպահանջին, որ սուփրի վերև սև ղառղառ նստի: Վալահ, լավ եղավ, որ սև ղառղառ թռավ գնաց... Քեֆ էնինք: Նահապետ ախպոր ու Նուբար քույրիկին ուրախություն պարզևինք:

Դրանից հետո մեկ-մեկ բաժակ վերցնելով դարձյալ սկսեցին խմել նորածինների ու նրանց ծնողների կենացը, ցանկանալով, որ ուրախությունն անպակաս լինի այս հարկի տակից, որ երկար ապրի, Սիմոն ծերունի դառնա Նահապետը, որ միշտ ամուր լինի նրա բազուկն, ու, ինչպես որ սկսել է, հավիտյան չդադարի խնձորներ տնկելու այն տների առաջ, ուրկից նորածին մանկան ձայն է գալիս: Ափրոն դեպքեր պատմեց Նահապետի, նրա տոհմի ու գերդաստանի մասին: Անթառամը լաց եղավ, գոգնոցով սրբելով աչքերը, Նուբարը գրկեց նրան, ականջին մխիթարանքի խոսքեր փսփսաց: Ներս մտավ Կռապաշտ Նիոյի կինը, Կռապաշտ Վարսոն: Ներս մտավ՝ իր լայն փեշերի ու մինչև ոտքերն իջնող թումբանի հետ բերելով դրսի զովը: Ներս մտավ ու չքաշվելով տղամարդկանցից՝ կանչեց.

– Ծուռ Նիո, Կռապաշտ Նիո, աչքդ ի լուս, աստված քըզի ու ընձի մի թոռնիկ լե տվեց...

Նրանց երկրորդ հարսն էլ զավակ էր ունեցել, առաջին թոռան ծնունդից մեկ ու կես ամիս էլ չանցած:

– Աստվա՞ծ տվեց, թե Լենին տվեց,– կանչեց մեկը կատակով:

Վարսոն խոսքի տակ մնացող չէր:

– Աստված երկինքն է, Լենին լե՝ Ուռուսաստան: Շնորհք որ կա, իմ տղի շնորհքն է...

Ապա դարձավ Նահապետին ու Նուբարին.

– Ձեր մանուկների կնունքն ընդունելի էղնի, վոշիկներ, ձեր մեկն հազար դառնա: Մի խնձորի ծառ լե բերեք մեր տուն, շո՛ւտ, չմոռնաք... Ընձի լե մի գինի տվեք, բարեմաղթություն էնիմ... Ծուռ Նիո, հորի՞ խոլոր կնայիս: Լենին բոլորին լե ազատություն է բերեր, հորի՞ խոլոր կնայիս: Աչքդ ի լուս, քու գերդաստան լէ կջոջնա... Մի բաժակ լէ տվեք, մեկ լէ...

Վերցրեց երեք բաժակ, մեկը տվեց Անթառամին, երկրորդը Նուբարին ու մեկն էլ իրեն պահելով՝ խոսեց.

– Ձեր աչք լէ լուս, իմ աչք լէ լուս: Խմինք մեր կենաց, Անթառամի, Նուբարի ու ծուռ Վարսոյի կենաց, որ պահպանինք մեր տուն ու գերդաստան...

Ծերունի Մովսեսը նայում էր նրանց, չկչկացնում էր թզբեհի քյահրուբարե հատիկները, գլուխն օրորում ուսերի վրա ու շշնջում էր հիացած.

– Վա՜յ, կրակ չուտիս դու, Վարսո՜, կրա՜կ չուտիս.,.

Արդեն պատրաստվում էին ցրվել, երբ ներս մտավ սաստւնցի Միրոն: Քիչ էր մնում գլուխը կպչի շեմափայտին: Հսկա մահակը ձեռքին, առաջ եկավ ու ներողություն խնդրելով, որ Նահապետ ախպոր երեխաների կնունքին ուշացել է, բոլորին հրավիրեց իր փոքր տղայի նշանդրեքին:

– Իմ հյուրն իք, իմ աչքերու վրեն տեղ ու նիք...

Նոր աչքալուսանքի, նոր մաղթանքների խոսքեր եղան:

Ափրոն ու Նահապետն ինչ-որ բաներ փսփսացին, ու Ափրոն բաժակն առնելով, վեր կացավ, կանգնեց.

– Հարգելի ժողովուրդ, իրավունք տվեք երկու խոսք ասեմ: Իմ մեծ ախպեր Նահապետ երդում ի արեր, որ ամեն նորածին երեխի համար մի խնձորի ծառ տնկի նրա դռան առեջ: Պատվական երդում ի, և՛ աստծուն, և՛ մարդուն դուրեկան: Էսօրվանից Նահապետ ուխտ կանի, որ ամեն նորապսակների համար էլ երկու խնձորի ծառ տնկի նրանց տան առաջ: Թող էս ուխտն էլ ընդունելի էլնի, ամեն: Ես էլ պարտական եմ, որ տնկիներ անպակաս անեմ... Տխրություն թող անցյալ էլնի, ուրախություն՝ ներկա...

Ժիրայրն էր, թե Ծովինարը սկսեց ճչալ: Նուբարը վազեց օրորոցի կողմը: Հյուրերը ցրվեցին: Ափրոն ու Նահապետն էլ գնացին սասունցի Միրոյի փոքր տղայի նշանդրեքին:

Նուբարն ու Անթառամը բարուրներից արձակեցին Ժիրայրին ու Ծովինարին: Տունը հիմա լցվեց հարնան կանանցով:

– Ժիրայր ժիր տղա ի,– երեխային ձեռքերի վրա խաղացնելով էլի սկսեց երգել Անթառամը,– իր քուր ծավի աչքերով Ծովինարն ի, հեր Նահապետն ի, ջոջանց պետն ի, մեր Նուբարն ի, աստանվորի բարաբարն ի...

Վարսոն ուշադրությամբ նայում էր Անթառամին, ուշադրությամբ լսում էր նրա ինքնահնար խոսքն ու երգը:

Իրիկնաղեմ էր արդեն, գյուղը լցվեց դաշտերից եկող կովերի բառաչով ու ոչխարների մայունով: Անթառամը մնաց երեխաների մոտ, Նուբարը գնաց Մովսեսի բակը, նրանց հոտի հետ դաշտից եկող մաքիները կթելու:

Նահապետն ու Ափրոն Միրոյի տնից վերադարձան ուշ երեկոյան: Երկուսն էլ թեթև գինովցած: Նահապետը քթի տակ դնդնում էր սիրած երգի եղանակը: Նուբարը մտքում կրկնում էր խոսքերը.

Ես մի չոր ձառ էի,
Դու գարնան արև,
Քու սիրով ծաղկեցան
Իմ կյանքն ու տերև...

Ափրոն գրկում էր Նահապետին, համբուրում էր նրա ճակատը ու խոսում էր՝ առանց մյուսներին միջոց տալու.

– Որ դու սաղ էլնես, առողջ և ուրախ, ես ուրիշ բախտավորություն չեմ ցանկանա, Անթառամ վկա ի: Մեծ ախպեր դու ես, և մենք էլ քո ծառեն ենք: Հրամանք տուր, և մենք կկատարենք, Նահապետ: Մեկ էլ մի ցանկություն ունեմ՝ երնեկ էն օր, որ գանք Ժիրայրի ու Ծովինարի հարսնիքին: Էդ բախտն էլ որ աստված տվեց, դրանից հետո հարկ ի, որ մոռնանք էնոր արած վատություններ. . . Կռապաշտ Նիոն լավ մարդ ի, Նահապետ, ես ծուռ մարդկերանց կսիրեմ, ճշմարիտ խոսք ծուռ մարդ կասի, խելոք մարդ լի ասի: Եվ Մովսես նմանապես լավ մարդ ի, բայց շատ խելոք ի, իր խոսք շատ կչափի, կձևի... Է, որ կտավ շատ չափես, կպատռվի: Եվ բարեպաշտ քահանաներաց նմանապես չեմ սիրի, որովհետև աղոթքներից օգուտ չտիսանք: Շինականի մի ծուռ խուսք հազար աղոթք կարժե... տնավեր եղավ ժողովուրդ, հիմի արժանի ի, նոր տուն ու բուն շինենք: Մուլքեր ու այգիներ անօրինաց ձեռք մնացին, ջարդին, վառին, քանդին, ավիրին: Հարկ ի, որ նոր այգիներ ու պարտեզներ տնկենք: Քանդել թշնամու բնությունն ի, շինեք մեր պարտքն ի: Աշխարի այդպես ի ստեղծվեր, Նահապետ, ես ու դու վկա ենք, որ այդպես ի...

– Գինովցիր ես, Ափրո,– ասաց Անթառամը:

– Ճշմարիտ ի, գինովցիր եմ,– համաձայնեց Ափրոն,– և ծարավ եմ, Անթառամ, մի գավ ջուր բիրեք...

Գավը դրեց բերնին, կլկլացնելով խմեց:

– Իսկ հիմի Ժիրայրին ու Ծովինարին բիրեք պագենք, քնենք: Ուշ ի, լուսան կանուխ զարթնենք, լուսն ի բարին...

Երեխաները քնել էին: Ափրոն գնաց, կռացավ օրորոցների վրա, համբուրեց նրանց բարուրները:

– Երնեկ Ժիրայրին ու Ծովինարին: Մինչև մեծնան, աշխարի կփոխվի, ատելություն կերթա, սեր կմնա...

ԺԱ

Անցան մկրտությունների ու նշանդրեքների օրերը: Դաշտային աշխատանքների ու հոգսերի մեջ թաղված մարդիկ արդեն իրար չէին հանդիպում ոչ օդաներում, ոչ էլ գյուղամիջում: Վաղ առավոտյան և արևմտոցին միայն գյուղը լցվում էր աղմուկով: Ցերեկը լուռ էր նա, փողոցներում միայն երեխաներ ու տարեց կանայք էին երևում: Նահապետն ու Նուբարն էլ արշալույսից վերջալույս զբաղված էին լինում իրենց հողակտորի վրա: Նուբարը երեխաների բարուրները տանում էր առվի ափը, դնում այնտեղ աճած միայնակ ուռենու տակ, որպեսզի և Նահապետին օգնի, եթե հարկ լինի, և երեխաներին հասնի, երբ արթնանան:

– Ապրեն, զորանան, ես էսպես խելոք երեխեք չեմ

տեսեր,– ասում էր Նահապետը ուռենու տակ, թաղիքի վրա, բարուրների մեջ դրված Ժիրայրին ու Ծովինարին նայելով: Երեխաները մուշ-մուշ քնում էին և արթնանալիս էլ հանգիստ նայում էին երկնքում լողացող սպիտակ ամպերին:

– Կարծես կհասկանան, որ խոնարհություն ու հնազանդություն առավել լավ են, քանց չարություն,– ավելացնում էր Նահապետը՝ թութունի տոպրակը հանելով,– երանի չմեռնեմ, մինչև տեսնեմ Ժիրայրի ու Ծովինարի բախտավորություն: Դրանից առավել ուրիշ խնդիրք չունեմ ոչ երկնքի, ոչ էլ երկրի թագավորներից: Թող արքայություն ուրիշի տան, ընձի թողնեն, որ իմ զավակներաց բախտավորություն տիսնամ...

– Բավական ի մահվան մասին մտածենք, Նահապետ,– ասում էր Նուբարը,– ինչքան մահ տիսանք՝ բավական ի...

Նահապետը նայում էր Նուբարի շողացող դեմքին, կապույտ աչքերին, և մահվան երկյուղը հեռանում էր նրանից, հեռանում, գնում էր յոթը սարից ու յոթը ձորից այն կողմ: Իսկապես՝ ամեն օր Նուբարը փոխվում էր նրա աչքին: Առաջին անգամ որ տեսավ, թվում էր թե մեջքը մի քիչ կորացած է: Հիմա հասակն ուղիղ էր, սլացիկ: Գեղեցիկ գլուխը շիկավուն մազերով, աչքերը վառ, դեմքը շողուն, նման էր նա նորապսակ կնոջ, որ դեռ առաջին երեխան էլ չէր ծնել: Ո՞ւմ մտքով կանցներ, թե նա ամուսին ու զավակներ է կորցրել, այրի է եղել, թե երկրորդ ամուսնությունից հետո կարող էր այսպես արթնանալ, ծաղկել:

– Շատ երկյուղ անողներու վրա աստված կբարկանա, Նահապետ,– ասում էր Նուբարը, երբ մենակ մնալով, հիշում էին անողորմ անցյալը:

– Ճշմարիտ ի,– համաձայնում էր Նահապետը,– ճշմարիտ ի, Նուբար...

Ու իր հոգու խորքում Նահապետը հպարտանում էր, որ Նուբարն այդքան խելոք կին է, ամեն բան հասկանում է ու զգուշանում է նոր փորձություններից:

Աշխատանքի դադարներին գնում, միասին նստում էին

ուռենու տակ, երեխաների բարուրների կողքին: Նահապետը երբեմն թիկնում էր ուռենու բնին ու երեխաների հետ նայում էր կապույտ, կապտակապույտ երկնքին, հայացքով հետևում էր նրա վրայով հանդարտիկ լողացող սպիտակ ամպիկներին, որ մեկ մարդու, մեկ զանազան կենդանիների ու թռչունների կերպարանքներ էին ստանում: Երբեմն երկնքով անցնում էին կռունկների երամներ, երբեմն լսում էր նրանց երգը անտեսանելի բարձունքներից ու աչքերը կիսախուփ արած, նրան թվում էր, թե Արտամետի իր այգում թիկնել է խնձորենիներից մեկի բնին, կռունկները երգում են Վանա ծովի ափերի ճահճուտների վրայով անցնելիս:

– Բայց եթե երկիր երթալ էլնի՞: Ի՞նչ կասես, Նուբար...

Նուբարի դեմքը կարմրում էր, աչքերը չռվում էին: Վերցնում էր երեխաների բարուրները և դեմքը շրջում մի կողմ՝ նրանց կուրծք տալու: Նահապետի հարցը մնում էր անպատասխան:

– Նուռերն արդեն կծաղկեն, Նահապետ, էսօր տեսի՞ր ե՞ս, հարցնում էր այս անգամ Նուբարը, խոսքը փոխելու համար,– էս աշուն պտուղ կուտա՞ն...

– Անպատճառ պիտի որ տան,– հաստատուն պատասխանում էր Նահապետը,– ելնեմ, երթամ մի քիչ էլ աշխատեմ...

Արևածագից առաջ տնից դուրս գալով, նա տուն էր մտնում ճրագվառոցին: Ամեն օր, թվում էր, թե այլևս ոչինչ չկա անելու հողի վրա: Ծառերն աճում էին, բանջարները ծլում, մարգերը՝ հարթված, թմբեր՝ հարդարված էին: Ջուրը մոտ էր, առուն՝ լիքը, քանի որ Արագածի բարձր լանջերին դեռ ձյուն կար, հալվում ու առուներով իջնում էր ցած: Բայց հետևյալ օրը դարձյալ նոր գործեր էին բացվում: Վերջին անգամ ջրելուց հետո հողի վերին շերտը ամրանում, քարանում էր, պետք էր փխրեցնել, որ խոնավությունը շուտ չցնդի: Ջուրը շատ տեղերում մարգերը քանդել էր, պետք էր ուղղել: Բանջարների մեջ որոմներ էին ծլել, պետք էր մի անգամ էլ քաղհանել, ջահել խնձորենիների բողբոջների վրա մանրիկ բողջներ էին երևում, պետք էր...

Ինչե՛ր ասես, որ պետք չէր լինում: Ու ոչինչ աննկատելի չէր մնում Նահապետի աչքերից: Նա ամեն ինչ տեսնում էր ժամանակին ու ամեն տունկի ու ծիլի հասնում էր՝ փրկելու նրանց կյանքը ու բուժելու նրանց վերքերը: Բանջարներն արդեն հողից բարձրանում էին վեր, կանաչ, երկարավուն տերևներ էին տալիս: Նա առաջին անգամ քաղում էր կոտեմն ու համեմը, լվանում էր առվակում, բերում էր տուն, աղ էր ցանում վրան, դնում հացի մեջ ու տալիս էր Նուբարին:

– Թաժա կոտեմ ի, առ նուբար արա, Նուբար, տես անո՞ւշ ի...

Նուբարը վերցնում էր կանաչի կեսը, կեսը թողնում էր նրան:

– Իսկապես, համով կանաչ ի:

– Արտամետի կոտեմին չի հասնի,– ասում էր Նահապետը:

– Բայց անուշ ի:

– Է, լավ ի...

Շաբաթներ հետո, վաղ առավոտ բանջարանոցում պտույտ անելով, վերադառնում էր կնոջ մոտ՝ դեմքին ուրախ ժպիտ:

– Առաջին խիարն ի, առ նուբար արա, Նուբար և ասա՝ անո՞ւշ ի...

Եթե երկուսն էին, Նուբարը մեկը թողնում էր նրան, եթե մի վարունգ էր լինում, կտրում, կեսն ինքն էր ուտում ու խնդրում էր, որ կեսն էլ ինքը՝ Նահապետը փորձի:

– Անուշ ի,– ասում էր Նուբարը ու, խորամանկ ժպիտ խաղացնելով աչքերում՝ ավելացնում էր,– բայց ինչ կասես, որ Արտամետի խիարին չի հասնի...

Ու ծիծաղում էր:

– Հանա՞ք ի կանես, Նուբար: Ճշմարիտ, որ չի հասնիր բայց անուշ խիար ի, երթամ, մի հատ էլ գտնեմ բեցեմ քեզի...

– Բավական ի, Նահապետ, թող պետնան:

– Պետ լավ չի, մանդրն ի անուշ...

Եվ դարձյալ գտնում, բերում էր Նուբարին բարալիկ, երկարավուն վարունգներ, ծաղիկը սուր ծայրերին, մանրիկ փշերով պատած:

Ամեն օր պարտեզն ու բանջարանոցը փոխվում էին, բանջարները դալար զոխեր էին արձակում, ծառերի վրա փոքրիկ, կլորակ սաղարթներ էին գոյանում, նռենիների բոցագույն ծաղիկները մեծանում էին, վարդի չոր թփերը, որ Ափրոն էր բերել տնկել, կանաչում էին, պայծառանում:

Ամեն օր փոխված էին լինում նաև երեխաները: Նահապետն արդեն տարբերում էր նրանց, մանավանդ եթե իրար մոտ էին: Ժիրայրի շեկլիկ հոնքերն ավելի խիտ էին, շրթունքները մի քիչ ավելի հաստլիկ, ճակատը մի քիչ ավելի լայն և քիթն էլ ավելի երկարավուն: Ծովինարը լուսեղեն էր, Վանա ծովի սպիտակ փրփուրի պես, շրթունքները լեռան սունկի միջի վարդագույն փերթերի նման: Աչքերի գույնը երկնքի՞ց էր առել, թե Նուբարն էր պարգևել: Նահապետը շատ անգամ երկար, երկար նայում էր երեխաներին ու խոսում էր նրանց հետ իր մտքում, «Շուտ մեծացի, Ժիրայր, որ քո հեր տիսնա քո ուժ ու շնորհք, քո ծաղիկ ու տերև, քո թուփ ու պտուղ: Շուտ մեծացի, որ մխիթարանք էլնես քո հոր ու քո մոր, քո ազգին ու աշխարհքին: Դու էլ շուտ մեծացի, Ծովինար, որ ծովի պես զով տաս, լուսնի պես լույս տաս երկրին, ուրախություն բերես քո հոր ու քո մոր սրտին»:

Նահապետը խոսում էր երեխաների հետ իր սրտի մեջ: Չէր խոսում, այլ երգում էր հին, ծանոթ մի երգ, որ մոռացվել, կորել էր, ապա հայտնվել էր կրկին ու հնչում էր հիմա նրա հոգու խորին խորքերում, հնչում էր ու դառնում խոսք նրա մեջ, դառնում էր զովք ու հիացում: Երգում էր նա իր մեջ, անձայն ու նայում էր երեխաներին: Իսկ նրանք կարծես թե լսում էին, հասկանում ու ժպտում էին՝ հոր դեմքին նայելով: Ջերմ ժպտում էր մանավանդ Ծովինարը ու, ձեռքերը բարուրից հանած՝ պարզում էր հոր դեմքին, քաշում էր նրա բեղերը: Ժիրայրը զուսպ տղա էր, ամաչկոտ: Հայացքը թեքում էր հոր հայացքից ու աչքերը խփում, երբ Նահապետը երգում էր իր երգը նրա կրակե աչքերի մեջ:

– Նուբար, Ժիրայր քեզի ավելի կնմանի, քանց Ծովինար...

– Ծովինար քեզի կնմանի: Լավ, որ էդպես ի: Աղջիկ որ հոր նմանի, բախտավոր ի:

– Որ տղան մոր նման ի՞...

– Նմանապես լավ ի:

– Ծովինար անուշ կծիծաղի, Ժիրայր կամչնա: Հակառակ պիտի էլներ, Նուբար: Աղջիկ պիտի ամչկոտ էլներ:

– Հիմի դեռ նշան չանի, Նահապետ: Որ մեծանան, էն ժամանակ կերևա: Ծովինար նազելի ի...

– Ժիրայրն էլ համեստ պիտի էլնի, Նուբար, ես կկարծեմ որ Ժիրայր պիտի առջնեկ Ժիրայրի բնություն առնի...

– Տիմնանք:

– Բայց պստիկ Ժիրայր ավելի սիրուն ի... Ժիրայրի՞կ, Ժիրա՛յր ...ծը՛ ...ծը՛ ...ծը՛ ծը՛ ...

Մանուկը ժպտաց օրորոցում ու գլուխը շուռ տվեց;

– Մերն ի, Նուբարն ի,– շշնջաց Նահապետը:

Այդպիսի դեպքերում մարդ ու կին, ամենաջերմ խոսքերից հետո հանկարծ վախենալով՝ լռում էին: Վախենում էին, թե որևէ դժբախտություն չպայթի իրենց գլխին, որպես պատիժ, որ իրենց այդքան բախտավոր են զգում: Վախենում էին ամենաուրախ պահերին, ինչպես մի անգամ կայծակից զարկվածը վախենում է նույնիսկ երկնքի նոսր ամպերից:

Այդ ծանր, չգիտակցված զգացմունքից Նահապետն ազատվում էր աշխատանքի ժամերին:

...Մայիսից հետո Արագածից իջնող առվակի ջուրը պակասեց, իսկ վերևից ցած սուրացող քամիներն ավելի ուժեղացան: Մատաղ խնձորենիները ճկվում, կռանում էին ու կրկին իրանները շտկում ցավով: Ուժեղ էին քամիները և պաղ: Նահապետը դրանցից պաշտպանվելու մասին չէր մտածել: Չէր մտածել նաև, թե ինչպես ոռոգի պարտեզն ու բանջարանոցը, երբ առուն նվազի: Անցյալ տարի առատ անձրևներ եկան, ջրի պակաս չեղավ: Անցյալ տարի այսպիսի պաղ քամիներ չեկան սարի վերևից:

– Ի՞նչ անենք, Նուբար,– հարցրեց Նահապետը,– էսպես չէլնի, քամին ծառեր կփչացուցի...

– Չեմ գիտե,– ասաց Նուբարն՝ ուսերը թոթվելով:

– Մի բան եմ մտածեր, բայց շատ դժվար ի, Նուբար, կուզեմ քո կարծիք իմանամ:

– Ի՞նչ ես մտածեր:

– Հյուսիսի կողմից, որ պաղ քամիներ կուգան, երկեն մի պարիսպ շինեմ, պարտեզի էս գլխից էն գլուխ: Բարձրություն երկու հասակի չափ: Էն ժամանակ ծառերի կյանք կփրկենք: Բայց դժվար գործ ի, մենակ մարդու բան չի...

– Դու մենակ չես: Նահապետ ,– ասաց Նուբարը,– մենք չորս հոգի ենք: Դու, ես, Ժիրայր, Ծովինար...

Նահապետը նայեց Նուբարին լայնացած աչքերով:

– Ճշմարիտ կասես, Նուբար: Ճշմարիտ ի, իմ մտքով չէր անցեր...

Մյուս օր առավոտ կանուխ, ավանակն առաջն արած, գնաց կավի: Երկու օր շարունակ կավ էր կրում գյուղի ներքևի փլերից:

– Էդ ի՞նչ է կենիս, սանահեր Նահապե՛տ,– հարցրեց Մովսեսը երրորդ օրը,– ինչի՞ համար է էդ կավ...

Նահապետը բացատրեց: Արագածից եկող պաղ քամիները ծառերը կլորացնեն, կամ չեն թողնի, որ նրանք արագ աճեն: Պետք է պարտեզի հյուսիսից պարիսպ դնել:

– Առանց քըզի տանջելու չկրնաս ապրես, սանահեր,– ասաց Մովսեսը գլուխն օրորելով:

Ինչ-որ գործով Նուբարի մոտ էր եկել Վարսոն: Լսելով Մովսեսի ու Նահապետի խոսակցությունը, նա էլ միջամտեց.

– Վոշիկ ախպեր Նահապետ, դու օղորթ որ մըզի կռապաշտի տե՞ղ իս դրեր...

– Վարսենիկ քույրիկ, ձեզի կռապաշտի տեղ չեմ դրեր...

– Որ մըզի կռապաշտ ի տեղ չդրեր իս, հորի՞ չըսիս որ աշխատանք ունիս: Մեր սել մի օր քու համար աշխատեր, կկոտրե՞ր, եզների պձեղներ կմաշվե՞ն: Հլա դու կուզիս, որ քու հետ ես խնամի՞ եղնեմ, իմ թոռնիկ Շուշիկ տամ քո

Ժիրայրի՞ն։ Ամոթ է, ամոթ, վոշիկներ էշով բեռ չկրին, հո դու եռլական չի՞ք...

– Մեր եզներու մեջք լե չկոտրի, սանահեր Նահապետ,– ասաց Մովսեսը,– տղերքին կըսիմ, որ կավ բերին, հլա քըզի լե օգնին, որ պարիսպ շինիս...

Երեկոյան Նահապետը Նուբարին ասում էր․

– Աշխարհք բարի մարդերով լիքն ի, մեղք ի, որ աստծոց զանգատ անենք...

– Ես զանգատավոր չեմ,– պատասխանեց Նուբարը։

– Ես նմանապես,– արձագանքեց Նահապետը։

Առավոտ շուտ քավոր Մովսեսի ու Կռապաշտ Նիոյի սայլերն եկան կավ բերելու։ Մինչև իրիկնադեմ ամեն մեկը երեք ուղտ արեց։ Նահապետի հողակտորի վրա շեկ կավահողից մի ամբողջ ամրոց գոյացավ։ Հետաքրքրասեր գյուղացիները կրկին հավաքվեցին։ Եկել էին նաև նախագահ Ղուկասն ու «կոմբջիջ, գրաբար» Հարությունը։

– Հիմի քու նպատակ ի՞նչ է,– հարցրեց Ղուկասը քմծիծաղով,– հիմի ի՞նչ կուզիս էնիս, անդադար հորոխպեր Նահապետ...

– Ինչ որ որոշեր ես, արա, մի հուսահատվի, հայրիկ» – խրախուսեց կոմբջիջ Հարությունը,– դու անտեղի գործ չես անի...

Նահապետը քանիերորդ անգամ լինելով, բացատրեց, թե ինչու է ուզում երկարավուն պարիսպ բարձրացնել իր հողաբաժնի հյուսիսային կողմից։

Բոլորին էլ խենթություն էր թվում արտամետցու այս նոր քայլը, բայց նրա երեսին չէին ծիծաղում, զսպում էին իրենց մինչև հեռանալ։ Նուբարը նկատում էր այդ ծիծաղը մարդկանց աչքերում, վիրավորվում էր ամուսնու համար, բայց չտեսնելու ու չհասկանալու էր տալիս․ «Ծուռ սասունցի ու ծուռ մշեցի են, այգուց ու պարտեզից բան չեն հասկանա, մեղք չունեն»,– մտածում էր նա։ Մյուս օրը Նահապետն սկսեց պարսպի շինարարությունը։ Դժվար գործ էր դա, իսկապես։ Երկու հարյուր քայլ երկարությամբ, երկու մարդա հասակ բարձրությամբ կավե պարիսպ դնելը կատակ բան չէր, ոչ էլ մի մարդու գործ:

Բահեր բերին, որտեղից որտեղ երկաթե խառնոց գտան, Նահապետը ծեփիչ ճարեց, երկու տախտակ՝ երկու թիզ հեռավարությամբ կողք-կողքի ամրացրեց, արանքը առվակի նման հավասար տարածություն պահելով: Ու սկսեցին կավը շաղախել, լցնել տախտակների մեջ ու ծեփիչով ողորկել երեսը: Թամաշաչիների թիվն այդ օրն ավելի շատացավ: Նուբարը հին մի դույլով շաղախ էր բերում, Նահապետը լցնում էր երկու տախտակների արանքը: Հետո օգնողներ հայտնվեցին, քավոր Մովսեսի տղան հասկացավ, թե ինչպես պիտի պարիսպ դնել վերցրեց սանահեր Նահապետի ձեռքից ծեփիչը: Նուբարի ձեռքից էլ դույլն առան, ջահելներն սկսեցին շաղախ կրել:

Նահապետը ցույց էր տալիս, թե ինչպես պիտի անել ու խրախուսում էր քավոր Մովսեսի տղային.

– Ապրես, Վրեժ, շուտ հասկացար գործի գաղտնիք, ապրե՛ս...

Մինչև երեկո երկարության կեսին հասցրին կավե պատը և այն էլ մի թիզ բարձրության:

– Մի տարվա գործ է, սանահեր,– ասաց Մովսեսը:

– Չէ՛, քավոր Մովսես,– ասաց Նահապետը,– երկու ամսըվա մեջ կշինեմ կպրծնեմ...

– Երկու ամիս քու ձեռներ էդ ցեխի մե՞ջ պիտի էղնին...

– Ձեռներ լվանալ հեշտ բան ի, քավոր...

Համարյա ամբողջ ամառն անցավ պարսպի շինարարության վրա: Օր օրի բարձրանում էր կավե պատը, օրական մի երեք մատ, երբեմն ավելի քիչ: Առաջին օրերի հետաքրքրվողներն արդեն կամ ձանձրացել գնացել էին, կամ իրենց սեփական գործերն ունենալով՝ այլևս ժամանակ չէին գտնում արտամետոցու խենթություններով զվարճանալու: Շաղախն էլի Նուբարն էր կրում, երեխաների բարուրները դնելով առվի ափին, միայնակ ուռենու տակ.

– Նուբար, դու կիմանա՞ս, որ կծիծաղեն մեր վրա,– հարցրեց նա մի օր կնոջը:

– Դարդ մի՛ անի, Նահապետ,– ասաց Նուբարը,– որովհետև չեն հավատա քո գործի նպատակին:

– Դարդ չեմ անի,– մտածելով, ասաց Նահապետը,– հետո կտեսնեն, կհավատան: Իսկ հիմի կմտածեն, թե էս մարդ խենթ ի, էնքան կտանջվի, կչարչարի իրեն: Չեն հասկանա, որ մի կարմիր խնձոր տամ Ժիրայրի ձեռք, մի խնձոր՝ Ծովինարի, իմ համար մեյ մեկ աշխարք ի: Չեն հասկանա, որ չարչարանք ու տանջանք կյանք առավել կքաղցրացնին: Որ մեջքի վրա պառկես, աստղ համրես, երկնքից մանանա չի թափվի քո բերան: Իմ չարչարանք ու իմ տանջանք իմ համար վայելք ի Նուբար, որովհետև կչարչարվեմ Ժիրայրի ու Ծովինարի համար, քու համար, Նուբար: Մի երեք տարի էլ անցնի, կտեսնան, կհասկանան:

Դանդաղ, աննկատելի, բայց ամեն օր մի երեք մատ բարձ րանում ու բարձրանում էր հում կավե պարիսպը: Նույն օրերին Նահապետը ժամանակ էր գտնում ջրելու ջահել խնձորենիներն ու վարունգի, ձմերուկի, սեխի մարգերը: Ճիշտ է, բարձրադիր տեղ էր այդ գյուղը, բայց արևահայաց էր: Իր մաշկի վրա անցյալ տարի չափելով վաղ գարնան, ամռան ու վաղ աշնան արևի ուժը, Նահապետը համոզվեց, որ այստեղ ծառ մշակել չեն իմացել ու կարծում են, թե բացի ցորենից ու գարուց, այս լանջերն ուրիշ բերք չեն հասցնի: Առավոտ շուտ մեկիկ-մեկիկ զննում էր ծառերը, նայում նրանց բներին ու տերևների գույնին, հուշիկ քայլերով անցնում էր մարգերի եզրերով, քաղում էր վարունգ, կոտեմ, համեմ, թարխուն: Նուբարի հետ նստում էին ակռատի, հետո դարձյալ կապում էին գոգնոցն ու սկսում էր աշխատել պարսպի վրա: Ով մի քանի օր չէր տեսնում Նահապետի աշխատանքը, գալիս նկատում էր տարբերությունը, ով ամեն օր էր տեսնում, կարծում էր, թե պատը չի բարձրանում :

Արդեն օգոստոսն էր գալիս: Հիմա պիտի երևար, թե ինչպես էին բռնել գարնանը տնկված խնձորենիները: Իր պարտեզում ամեն ինչ կարգին էր: Նահապետն ամեն օր ժամ էր գտնում՝ գնալ ստուգել նաև այն տնկիները, որ իր ձեռքով զարնանը տնկել էր նորածինների բակերում: Մեծ մասը բռնել էին: Կանաչիկ տերևները շողում էին արևի տակ, դալար ճյուղքերը հանդարտիկ օրորվում էին, բները կանգնած էին մնում անշարժ: Երկու-երեք տեղ միայն տնկիների տերևները կծկվում ու դեղնում էին, նշանակում էր, թե ծառերը չեն մեծանա, չեն ապրի:

– Վնաս չունի,– ասում էր Նահապետը տանտերերին,– աշուն նոր, առավել լավ տնկիներ կդնեմ, սրանց արմատի մազուկներ մեռեր են, կպատահի, վնաս չունի... Բայց, ինչպես կերևի, երեխաներ խաղացել են տնկու հետ, մի քիչ էլ արմատներ շարժվել են հողի մեջ: Վնաս չունի: Բայց կխնդրեմ, որ զգույշ էլնեք:

Այդպիսի այցելությունից հետո վերադառնում էր պարսպի մոտ, կրկին ջուր էր լցնում մի քիչ չորացած շաղախի վրա ու շարունակում իր աշխատանքը:

Մի օր Կռապաշտ Նիոն ու Վարսոն եկան նրա մոտ, նստեցին կողքի թմբին ու սկսեցին խոսել Նահապետի ու Նուբարի հետ: Իսկապես կարիք կա՞ր, որ Նահապետն այդքան չարչարվեր, այդքան իրեն տանջեր: Այս կողմերի մարդիկ ասում են, որ պապից պապ այս գյուղում խնձոր ու նուռ չեն տեսել, սեխ ու ձմերուկ չեն ցաներ

– Վնաս չունի,– ասաց Նահապետը,– մեր թոռներ կուզան, կտեսնեն, որ իրենց պապեր խնձոր են հասցրեր և քաղցր եմիշ են կերեր էս հողից: Դու մի կասկածի, Նիո ախպեր, Նահապետ մի բան գիտի, որ իրեն կտանջի, կչարչրի...

– Վոշիկ ես, ախպեր Նահապետ, մարդ քըզի չկրնա բան հասկցու,– ասաց Վարսոն,– հակառակ՝ դու մարդու խելքից-մտքից կհանիս:

– Ձեր դռան ծառ վա՞տ ի, չի՞ մեծնա,– հարցրեց Նահապետը:

– Կմեծնա,– ասաց Նիոն,– Բայց ուրեմն ե՞ս լե պիտի մի պատ դնիմ էդ ծառի առեջ...

– Է՛, լավ կէլնի, պատ կպաշտպան ի ծառեր: Դեռ էլի

պիտի քու տան դուռ ծառեր տնկենք, պետք ի մտածես այդ մասին:

– Քըզի լէ խելքից պիտի հանե, Նիո, ելի՛, ելի՛ երթանք,– ծիծաղելով, ամուսնու թևին խփելով,– ասաց Վարսոն,– տեսնիս Նուբար լէ ձեն չենե, իր մարդու կողմը կպահե...

– Հարկ ի, որ իմ կողմ պահի Նուբար,– ասաց Նահապետը, մալայով ողորկացնելով պատին դրված նոր կավաշաղախը:

– Էդ թո՞ւղթ իս էրե, վոշիկ, որ խորոտ Նուբար էդպես ծռեր է քու վրեն, գիշեր ու ցերեկ մի մատ քըզնե չիեռանա:

– Աշխրիքի վրեն ուրի՞շ ի՞նչ ունենք ես ու Նահապետ, քույրիկ Վարսո, իմ հարստություն ու բախտն էն ի, էնոր հարըստություն ու բախտն էլ ես եմ: Ուրիշ բան չունենք: Մենք ենք, մեր երկու մատղաշ երեխեք: Իրար կողքի որ չէլնենք՝ կդեղնենք, կչորանանք...

– Վալա՛, թուղթ ին էրե ձեր վրեն,– շարունակեց Վարսոն,– էդպես սեր ես ոչ լսեր իմ, ոչ լէ տեսեր իմ...

– Հանաքչի կնիկ ես, Վարսո,– ասաց Նուբարը,– ես էլ քեզ պես ուրախ, հանաքչի կնիկ չեմ տեսեր ու չեմ լսեր...

– Կխանգարենք Նահապետ ախպոր,– ասաց Նիոն՝ ոտքի ելնելով,– կցանկամ, որ քու պարիսպ պինդ էղնի, հաստատ մնա, Նահապետ ախպեր, Բաբելոնի աշտարակի պես չփլի, հաջողություն քըզի...

Օգոստոսն էլ էր անցնում, բայց դաշտում առավոտից երեկո մշուշ էր նստած լինում, շոգերը դեռ չէին անցնում: Իսկ Արագածի լանջի այդ գյուղում ոչ տապ էր, ոչ ցուրտ:

– Խնձորի եղանակ ի, խնձորի օդ,– ասում էր Նահապետը:

Աչքդ օրերին անսպասելի կերպով գյուղում հայտնվեց Նորայրը: Այս մի տարում հասակ էր նետել, դեմքին թուխ աղվամազի բարակ շերտ էր երևում: Աչքերի մեջ ջերմություն կար: Նահապետը գրկեց քրոջ որդուն, համբուրեց ու նայեց նրա աչքերին: Կարծես փոքրացած Անթառամն էր կանգնել նրա առաջ, այնքան նման էր տղային Անթառամն այդ հասակում և այնքան աղջկա նման է Նորայրը հիմա՝ իր աչքերի ամոթխած արտահայտությամբ:

– Մեծացեր ի իմ Նորայր, ժուկ մ' էլ մնա՝ կարգելու ի...

Նորայրն ավելի ամաչեց: Ապա գրկեց ու համբուրեց նրան քեռու կինը, հարցուփորձ արեց մոր մասին:

– Լավ է, բարև էր անում...

– Իսկ հայրիկդ ինչպե՞ս ի,– հարցրեց քեռին:

– նույնպես լավ է, բարևում էր:

– Ապրե ս...

Նուբարը գրկեց բերեց Ժիրայրին ու Ծովինարին:

– Ասեք՝ բարով ես եկեր, Նորայր, հազար բարի, մեր աչիկների վրա, մեր սրտիկների մեջ տեղ ունես...

Նուբարը երեխաների բերանով Նորայրի վրա բարի գալուստի անվերջ խոսքեր էր թափում, իսկ Նորայրը նայում էր երեխաներին և տղային ու աղջկան չէր տարբերում իրարից...

– Ասա՝ բարով ես եկեր, Նորայրիկ, մեր մեծ ախպեր, ասա՝ ճանչցի ընձի, ես պստիկ Ժիրայրն եմ, էն էլ իմ քույրիկ Ծովինարն ի: Ասա՝ բարով եկար, կարմիր սոլերով եկար, կանաչ սարերով եկար, դեղին կալերով եկար: Ասա՝ ինչպե՞ս ի հորքուր Անթառամ, աղաջան Ափրոն, ասա՝ ես ու Ծովինար կցանկանանք, որ ողջ-առողջ էնեն, ինոնց ձեռ կպագենք, ինոնց ծառեն ենք, ես ու Ծովինար...

Նորայրը նայում էր շեկլիկ երեխաներին, ժպտում էր, նրանք էլ էին ժպտում, մնջում էին աղավնիների նման:

– Տուր ես գրկեմ, քեռակին,– խնդրեց Նորայրն ու վերցրեց երեխաներին նրա ձեռքից:

– Գնա, ուռենու տակ նստի, ճամփա ես եկեր, դադրեր ես,– ասաց քեռին:

Նորայրը երեխաներին տարավ ուռենու տակ:

Պարիսպը բարձրանում էր դանդաղ, բայց բարձրանում էր: Նորայրը երկու շաբաթ մնաց քեռու տանը: Օգնում էր նրան պարիսպն ավարտելու, աշխատում էր պարտեզում, երեխաներին գրկած գնում էր առվի ափով վերև, նստում ժայռերի տակ՝ տանից հետը բերած գրքերն էր կարդում: Քիչ էր խոսում: Միայն պատասխանում էր քեռու ու քեռակնոջ հարցերին: Նրանց ամեն մի խոսքի վրա տեղից վեր էր թռչում՝ ջուր էր պետք, ջուր էր բերում, պետք էր ձմերուկ քաղել՝ նա հասանձը ճանաչում էր:

– Նորայր, հիմա որ գնաս, առանց քեզի ինչպե՞ս ապրենք,– հարցրեց մի անգամ քեռին:

– Աստված պահի Ժիրայրին ու Ծովինարին,– շփոթվելով այդ հարցից մեծավարի պատասխանեց նորայրը:

– Դու աստծուն կհավատա՞ս, տղա, դու կարդացվոր ես,– ասաց քեռակինը:

– Որ դուք կհավատաք, ես էլ այդպես կասեմ...

– Ապրե՛ս, Նորայր, ապրե՛ս,– հիացած կրկնում էր քեռին:

Պարիսպը վերջապես ավարտվեց սեպտեմբերի կեսերին:

Գյուղացիները կանգնում, նայում էին ու ժպտում:

– Երկու տուն կշիներ, որ էդքան աշխատեր: Մարդ չէ, զութնի եզ է:

– Գոմեշ է, գոմե՛շ, եզն ի՞նչ է որ,– ավելացնում էր մյուսը,– որ ուզենա, փլեր կքանդե ու սարեր կկանգնեցնու...

Գյուղը հիմա արդեն անվերապահ հիացած էր արտամետցի Նահապետով, մանավանդ որ բոլոր հարևանները նրա հասցրած վարունգի, ձմերուկի ու սեխի համը տեսան ու համոզվեցին, որ այս քարքարոտ հողերն էլ քաղցր պտուղներ են տալիս:

Աշնանը ռռենիներից կախվել էին մեծ-մեծ պտուղներ: Քաղեցին, Նուբարը դրեց դարմանով լի սակառների մեջ:

– Գիտե՞ս ինչ կմտածեմ, Նահապետ: Որ դու նորածին երեխաներաց համար խնձոր տնկես, ես էլ ամեն մի տղացկան մոր նուռ կտանեմ...

– Արտամետի սովորություն ի,– ասաց Նահապետը:

– Արծկեի սովորություն ի,– առարկեց Նուբարը,– Արծկե տղացկանին նուռ կտանեին...

Նորայրի գնալուց հետո մի քանի օր նրա տեղը երևում

էր: Հետո դարձյալ աշխատանքը կլանեց: Մոտենում էր ձմեռնամուտը: Նահապետը տնկիներ տարավ, տնկեց բոլոր այն տների առջև, որոնց ներսում ուշ գարնանը մանուկներ էին ծնվել և այն տների առջև, որից հենց այդ օրերին նորածինների ճիչեր էին լսվում:

Եկավ ձմեռը, սկսվեցին հարսանիքները, ծնվեցին նոր երեխաներ: Եվ բոլորն արդեն գիտեին, որ ամեն ծնվողի դռան առաջ Նահապետը մի խնձորի ծառ կտնկի, ամեն տղացկան կնկան էլ Նուբարը մի նուռ կբերի, իսկ նորապսակների դռան առաջ երկու խնձորենի կտնկի Նահապետը:

Եկավ նոր գարունը: Ժիրայրն ու Ծովինարն արդեն քայլում էին, անուշ ժպտում ու կլկլալով ծիծաղում էին մեծերի երեսներին: Նահապետը ձմռվա բոլոր նորածինների ու նորապսակների բակերում խնձորենիներ տնկեց, Նուբարն իր պահած վերջին մի քանի նուռը տարավ երեխա բերած մայրերին: Հիմա Արագածի լանջին ընկած այդ խճաշեն պատերով տների ու քարքարոտ շրջակայքի մեջ հեռվից ծառեր էին երևում, փոքրիկ, կանաչ պուրակներ՝ ժայռեղեն մերկության մեջ:

Նորապսակների ու նորածինների տների առաջ խնձորի ծառեր տնկելը դարձավ ծես, ավանդություն, դարձավ առած, օրհնանք ու երբեմն էլ անեծք՝ բարկացած մարդկանց բերանում:

– Ծլեք, ծաղկեք, զորանաք՝ Նահապետի խնձորենու պես,– ասում էին նորապսակներին,–թող Նահապետի արդար ձեռքով յոթ խնձորի ծառ տնկվի ձեր դռան առաջ, լա՛ո, անմահական պարտեզի արժանանաք...

– Ինչի՞ չկարգվիս, տղա՛, որ Նահապետ ձեր դուռ լե խնձոր տնկե,– ասում էին ամուսնությունից խուսափող վախկոտ ջահելներին:

– Բալքի դու Նահապետի խնձորներին չարժանանաս,– բարկացած ժամանակ անիծում էին ծույլ ու անկարգ տղաներին: Խոնարհ աղջիկների լավ վարքով հիացած, ասում էին. «Նուբար բալքի ջուխտ նուռ բերե քըզի»: Վատերին ասում էին. «Նուբարի նռան համ բալքի չտեննիս դու, աղջի, քու նման չար պտուղ չիտաս»:

Բայց օրհնանքներ ավելի շատ էին լսվում, քան անեծքներ, որովհետև բարի մարդիկ շատ էին Արագածի լանջի այդ գյուղում, իսկ չոր սրտերն էլ փափկում էին, իրենց գյուղի փոխվող, գեղեցկացող տեսքի նման:

Այդ խոսքերը լսում էին Նահապետն ու Նուբարը և ուրախ հայացքներով, անխոս նայում էին իրար:

Ձմեռը երկարեց, բայց հեքիաթներն ու պատմությունները օդաներում չէին սպառվում: Նահապետին հիմա հրավիրում էին վերև փափուկ թաղիքի վրա նստելու և երբ նա էր խոսում երկրի հին-հին դեպքերից, բոլորը լուռ ականջ էին դնում: Ծխում էր ու պատմում, պատմում էր ու ծխում և տուն էր գալիս ուշ գիշերներին: Երեխաները քնած էին լինում խորունկ քնով, իսկ Նուբարն արթուն սպասում էր նրա գալուն ու ոտնաձայնից վեր էր կենում, բացում էր դուռը, քուրսու վրա հաց ու մածուն դրած:

Մի օր էլ Նահապետը շուտ տուն եկավ ու շեմի վրա դեռ ոտ չդրած, դողացող ձայնով ասաց.

– Նուբար, դժբախտություն ի պատահեր, մեծ ի դժբախտություն...

Նուբարը վախեցավ:

– Լենին վախճանվեր ի, Նուբար... ափսո՛ս, հազա՛ր, հազա՛ր ափսոս...

Լուռ նստեցին իրար կողքի: Նահապետը մինչև լույս ծխեց ու ծխեց:

Մի շաբաթ շարունակ օդաներում պապանձված նստում ու մտածում էին, թե ինչ պիտի լինի աշխարհի վիճակը Լենինի մահվանից հետո: Թուրքն էլի միտքը չփոխի՞, կռիվ չսկսի՞: Նախագահ Ղուկասն ու կոմբջիջ Հարությունը գալիս, պատմում էին, թե ինչպես, ճիշտ է, Լենինը մեռել է, բայց նրա գործը առաջ կտանեն նրա ժառանգները, նրա ծրագիրը կիրառվի ամբողջ աշխարհում:

Նահապետն ինչ որ լսում, գալիս տանը պատմում էր Նուբարին:

– Ամբողջ աշխարհի բանվորներ, ռանչպարներ և տանջված մարդիկ ասեր են՝ ո՛վ որ Լենինի երկրի վրա կռիվ գա, ինոր թախտից ցած կզցենք, Լենին մեռեր ի, բայց Լենինի ծրագիր պիտի հաղթի...

Վերջապես այդ ծանր ձմեռն էլ անցավ: Գարունն անսովոր փարթամ եղավ: Բակերում շատացան խնձորենիները, անցյալ ու նախանցյալ տարիներին տնկածները ծաղկեցին, նորերը շիվեր արձակեցին ու տերևներ տվեցին: Ջուրն առատ էր, Արագածից սուրում էին զով քամիներ:

Նահապետը դադար չուներ: Կավաշեն պարիսպը արդեն պաշտպանում էր նրա այգին, իսկ հիմա կավով ծեփում էր մեծ առվից դեպի իր այգին եկող առվի հատակը, որ ջուր չկորչի, փխրեցնում էր հողը, այցելում ուրիշների բակերում դրած տնկիներին, պատվաստում էր հունտերից աճածները:

– Ինչպե՞ս են իմ սանիկներ,– կանչում էր հեռվից և բոլորը հասկանում էին, որ նրա «սանիկները» մատաղ խնձորենիներն են:

Ամառը, մի օր հոգնած տուն մտավ՝ մի թաս թան խմելու: Նուբարը երեխաներին թախտի վրա նստեցրած՝ չոքել էր նրանց առաջ ու ծիծաղեցնում էր երկուսին էլ խուտուտ անելով:

– Հայրիկ եկավ, եկավ ձեր հայրիկ,– ասաց Նուբարը Նահապետին տեսնելով,– Ժիրայրիկ՝ ասա՛ հայիկ... հա-յիկ:

Ժիրայրը զարմացած նայում էր հորն ու մորը:

– Հա՛ ... յի՛կ,– հանկարծ գռգռալով արտասանեց Ծովինարը: Հայրն ու մայրը շուռ եկան նրա կողմը:

– Հա՛...յի՛կ...

Երկրորդ անգամ կրկնեց Ծովինարը: Եվ նույն վայրկյանին էլ կարծես հրաշք կատարվեց, Ժիրայրն էլ հորը նայելով քրոջ ձայնով կանչեց...

Ու ծիծաղեց, շուռ եկավ պատի կողմը:

Նահապետն ու Նուբարը նայեցին իրար: Նահապետի աչքերը լիքն էին արտասուքով: Աչքերը խփեց, դեմքը դրեց կնոջ ծնկներին ու լաց եղավ:

– Ի՞նչ պատահեց քեզ, Նահապետ,– անհանգստացած ասում էր Նուբարը, ձեռքերը դրած Նահապետի սպիտակող գլխին,– հանդարտվի: Նահապետ, երեխեք քեզ կնայեն...

Երեխաներն իսկապես լուռ նայում էին ծնողներին:

ԺԲ

– Ահա թե ում կյանքն ու բախտը հիշեցի՝ այս կաղնուն նայելով,– ասացի ընկերոջս այն օրը, թավ անտառում, կայծակնահար կաղնու ածխացած բնի մոտ՝ ավարտելով Նահապետի կյանքի պատմությունը:

Ու ոտքի ելա:

Ծառերի ստվերները երկարում էին, արդեն ընկել էին մերկ բացատներին ու ալպյան կանաչով ծածկված լեռնալանջին:

Կաղնու ածխացած բնի տակից բարձրացող դալար շիվերը կարծես հիմա ավելի մեծացան իմ աչքին: Վերջին անգամ շոշափեցի, փայփայեցի նրանց:

Արդեն իրիկնանում էր:

– Գնա՛նք,– ասաց ընկերս:

Քայլեցինք դեպի ամառանոցային քաղաքի հյուրանոցը ուր մի շաբաթից ավելի էր, որ ապրում էինք իրար կողքի: Մայրաքաղաքից փախել էինք՝ այստեղ միասին պատմական մի աշխատություն գրելու:

Ընկերս մտախոհ քայլում էր՝ հայացքը լեռնագագաթներին:

Գեղեցիկ էր բնությունը՝ անդնդախոր, անտառապատ ձորը, որի հատակին հասնելով, հիմա երկնքի կա պույտն էինք տեսնում միայն, մշտական գոչյունները՝ լեռնային գետի, որի ափին նստելով, զգում էիր, թե ինչպես հանգստանում ես մտավոր աշխատանքից գրգռված ներվերդ, ծաղիկներն ու փարթամ, համատարած կանաչը, որոնց բույրերը շնչում էինք ագահորեն, ամբողջ կրծքով:

Գեղեցիկ էին այդ ամենը:

Դուրս եկանք ձորից: Մեր դիմաց կարծես հարյուրավոր խարույկներ էին վառվում՝ հրացոլքեր նետելով շուրջը: Վերջալույսի շողքերն էին ընկել ամառանոցային քաղաքի սպիտակ շենքերի լուսամուտներին:

– Բայց դու այնպես պատմեցիր,– խոսեց ընկերս,– որ կարծես թե միշտ եղել ես Նահապետի կողքին, նրա բոլոր վշտերի ու խնդությունների ժամանակ, լսել ես նրա ու Նուբարի, Ափրոյի ու Անթառամի խոսակցությունները: Ավելի շուտ՝ դա վեպ էր, քան թե իրական պատմություն:

– Իրական պատմություն էր,– պատասխանեցի ես,– իրական պատմություն էր՝ վիպացած: Եղելության «մի մասը տեսել եմ ես, մի մասը լսել եմ ուրիշներից, մի մասն էլ երևակայել եմ»: Ես այդ վիպացած պատմության գործող անձերից մեկն եմ, ճիշտ է, ամենահամեստ, ամենաաննկատելի անձը, բայց եղել եմ նրանց մեջ, նրանց հետ:

– Իսկ ո՞րն ես դու նրանցից:

– Ապա՝ կռահիր:

– Գուցե՝ Նորա՞յրը, քանի որ Նորայր անունով պատանի կար:

– Ճիշտ է: Նույն Նորայրն եմ, Ափրոյի ու Անթառամի որդին, քո ընկերը, նույն ինքը՝ պատմական գիտությունների թեկնածու Նորայր Թորրոյանը: Արտամետցի Նահապետը իմ մորեղբայրն էր...

– Հետո՞:

– Ի՞նչ հետո:

– Հետո ի՞նչ եղավ Նահապետը: Պատմությունը հո այստեղ կանգ չառա՞վ:

– Պատմությունը կանգ չի առնում: Նա շարժվում է ամեն ակնթարթ, հոսող գետի նման, քանի դեռ ակունքը չի փակվել...

... Դրանից հետո ես եկա Երևան՝ սովորելու և քիչ էի հանդիպում քեռի Նահապետին ու նրա ընտանիքին, երկու, երեք տարին մի անգամ: Ու ամեն անգամ հազիվ էի ճանաչում Ժիրայրին ու Ծովինարին, այնքան արագ էին մեծանում: Եվ ամեն անգամ անճանաչելի էր լինում Արագածի լանջին ընկած նրանց գյուղը: Փողոցներում ձկների վտառների պես վխտում էին երեխաները, բոլոր տների առջև և գյուղի շրջակայքում փարթամանում էին խնձորի այգիները: Գյուղը մեծանում էր, նոր մարդիկ էին հայտնվում, երեխաները մեծանում էին, ջահելները հասունանում: Միայն Նուբարը չէր ծերանում: Ամեն անգամ գյուղ գնալիս տեսնում էի նրան նույն սլացիկ հասակով, նույն հրազույն աչքերով, շողուն ճակատով, նույն տաք ժպիտը շուրթերին ու աչքերի մեջ: Ծովինարը փոքրիկ Նուբար էր, Ժիրայրը, որ միշտ խենթանում էր ինձ տեսնելիս, փաթաթվում, համբուրում էր ու գյուղում մնացածս օրերին ոչ մի րոպե չէր բաժանվում ինձնից, մեծանալով, փոխվում էր դեմքը, մորս ու ինձ էր նմանվում:

– Անթառամի ու Նուբարի դեմ ի խաղցեր,– ասում էր քեռակին Նուբարը:

Այդպես՝ ծնողներս ամեն տարի, իսկ ես նրանց հետ երկու երեք տարին մի անգամ այցելում էինք քեռի Նահապետին ու իր ընտանիքին: Մեր հանդիպումները տոներ և ուրախ ուխտեր էին: Չէ՞ որ մեր հին գավառումն է հորինվել հիմա արդեն մեծ տարածում գտած և մի քիչ փոփոխված երգը.

Մեր ջաղաց պատիկ-պատիկ,
Նման ես նռան հատիկ,
Որ ես քեզի կտիսնամ՝
Համբարձում ի ու զատիկ...

Ծերանում էր միայն քեռիս: Մեջքը կորանում էր միշտ բեռ կրած ուղտի մեջքի նման: Դեմքին խոր կնճիռներ էին գոյացել: Բեղերը, հոնքերն ու ճակատին թափվող սպիտակ մազերը դեղնել էին ամեն րոպե ու անվերջ ծխելուց:

Անցնում ու անցնում էին տարիներն իրար ետևից: Երբ պատերազմն սկսվեց, ես աշխատում էի հանրային գրադարանում ու գրում էի մի գիրք, հավատ չունենալով, թե կարժանանա տպագրության. «Դիմադրությունը Արծկեի գավառում` Արենում ու Բարկաթում»: Գրքի աղբյուրը կենդանի մարդկանց հիշողություններն էին, որ գրի էի առնում ես տարիներ շարունակ: Պիտի մի անգամ էլ գնայի քեռի Նահապետի մոտ, բայց չհաջողվեց: Պայթեց պատերազմը: Մի օր հետո ինձ բանակ տարան: Ռազմաճակատում նամակ ստացա Ժիրայրից: Մանրամասն տեղեկություններ էր հաղորդում մեր հարազատների մասին: Քեռի Նահապետը կոլտնտեսության այգեպանն էր: Ցնցվել էր պատերազմից: «Օրվա ընթացքում մեկ-երկու խոսք չի փոխանակում մարդկանց հետ, լռակյաց է դարձել, ջղային, ծխում է անվերջ: Ինձ ճամփու դրեց լուռ ու անխոս, միայն վերջին պահին մի խոսք ասաց. «Վախկոտ չլնես, Ժիրայր, բայց քեզի պահի»...

Առաջին ու վերջին նամակն էր դա, որ ստանում էի Ժիրայրից: Մի քանի օր հետո կորցրի հարազատներիս, հարազատ աշխարհը, ամեն կապ այդ աշխարհի հետ ու որևէ տեղեկություն ստանալու հնարավորություն: Գերի ընկա: Կարիք չկա պատմելու, թե ինչ հանգամանքներում: Ինչքան եմ պատմել և լսողները ծիծաղել են` չհավատալով ինձ: Տեղափոխվում էի ճամբարից ճամբար, երկրից երկիր: Քառասունչորս թվականին փախա ճամբարից, Ֆրանսիայի Նիմ քաղաքում միացա հայ պարտիզանների խմբին: Կռվեցինք հայրենի եզերքներից հեռու: Հեռավոր այդ հողի վրա երկու անգամ արյուն թափեցի, նոր ընկերներ գտա ու կորցրի: Վերջապես քառասունհինգ թվականի նոյեմբերին հասա տուն: Վիպացած պատմության Ափրոն չկար: Մորս հետ նստեցինք նրա գերեզմանի մոտ: Ես լուռ էի, մայրս լաց էր լինում ու պատմում էր իմ սիրելի հոր, իմ առաջին ընկերոջ մասին:

– Որ սև թուղթ եկավ, թե դու սպանվիր ես, կոտրվեր էդ թուղթ գրողի ձեռք, որ չգրեր,– Ափրոն քուն ու դադար կորցուց: Կընկներ սարեր, չոլեր, որ ես չտիսնամ իր հոգին ինչպես կտանջվի: Մոր սիրտ ավելի փափուկ ի, չի դիմանա, բայց Ափրոն ավելի կոտրվեց: Որ փոթորիկ կուգա, կաղնիներ կկոտրվեն, խոտ կպառկի գետնին: Ես հազար անգամ ուշաթափվա, էլի ապրվա, Ափրոն չապրավ: Իմ սիրտ ընձի կասեր, «Համբերի, Անթառա՛մ, զուցե սուտ ի»...

Մի շաբաթ շարունակ մայրս պատմում էր, պատմում ու սիրտը դատարկել, թեթևացնել չէր կարողանում: Հետո միասին գնացինք քեռի Նահապետենց գյուղը: Ժիրայրը ողջ էր: Հեռավոր Արևելքի ինչ-որ հոսպիտալում պառկած էր, ճապոնացիների դեմ կռվելիս ստացած վերքը բուժելու:

– Նահապետ սմքեր ի, չորացեր ի, կվախնամ կոտրվի,– ասում էր մայրս ախ ու վախով:

Իսկապես: Քեռիս ուրվականի էր նման: Գրկեց ինձ, գլուխս դրեց չոր կրծքին ու երկար ժամանակ բաց չէր թողնում: Ու լաց եղավ: Սոսկալի է ծերացած տղամարդու աչքերում արտասուք տեսնելը:

– Ուրախացի, մարդ, ինչի՞ լաց կէլնես,– ասաց քեռակին Նուբարը, որը նույնպես ծերացել էր հիմա: Մազերը սպիտակել էին, աչքերի փայլը չքացել էր, հասակը կարծես փոքրացել: Կարծես Նուբարը չէր դա, այլ իր մայրը, որ երևի այդպիսի տեսք էր ունեցել, իսկ Նուբարը, ավելի ջահելացած, նրա կողքին կանգնել, ժպտում էր՝ Ծովինարին գրկած: Դա ինքը Ծովինարն էր՝ իր նորածին աղջիկը գրկին: Կողքին կանգնել էր թխադեմ, միջահասակ, նիհարավուն մի երիտասարդ՝ զինվորի հնամաշ շորերով: Նրա ամուսինն էր դա, սասունցի Միրոյի թոռը, անունը՝ Անդրանիկ:

Լաց, ծիծաղ, արտասուք ու ժպիտ խառնվեցին իրար: Քեռի Նահապետը բերեց Ժիրայրի բոլոր նամակները ու խնդրեց բարձրաձայն կարդամ: Կարդում էի: Լսում էին շատ անգամ կարդացված այդ նամակները և հուզումնալի բացականչություններ էին անում՝ մեկ մայրս, մեկ՝ քեռակին Նուբարը:

– Մատաղ էլնեմ քո լեզվին, Ժիրայր, ի՜նչ լեզու կթափի,– ասում էր մայրս հառաչելով:

– Նորայրին ի քաշերճ շատ կսիրեր իր հորքրոջ տղին,– ավելացնում էր քեռակին Նուբարը,– մեռնեմ իրեն, իր հորքուրոջ տղին, իր թղթին ու ղալամին, իր նամակին ու բարևին...

Կարդացի համարյա բոլոր նամակները: Հետո նստեցինք հացի: Քեռիս ոչինչ չէր ուտում, միայն ծխում էր:

Հորս մասին ամբողջ օրվա ընթացքում չխոսեցինք:

– Ինչ էլեր, էլեր ի, Անթառամ, ետ չենք դարձնի,– ասաց քեռի Նահապետը ուշ երեկոյան՝ դիմելով մորս:– Նորայրին հիմի պիտ կարգենք, որ քու տունն էլ լցվի, դարտակ չմնա... Արդեն երեսուներկու տարեկան ի, ուշ ի: Պատճառ էլնողի վիզ կոտրվի, ինչպես որ կոտրվեց...

– Թող Ժիրայրն էլ բարով խերով տուն գա, էն ժամանակ որոշենք,– ասաց մայրս՝ հանգիստ, գործնական եղանակով: Բայց մի րոպե հետո գոգնոցի փեշը տարավ աչքերին ու հեկեկաց: Ու այդ ակնթարթին էլ բոլորս մեր հոգիների մեջ զգացինք մեծ մի դատարկություն: Դա կենսասեր, ուրախ, բոլորին մխիթարող Ափրոյի, իմ սիրելի հոր բացակայության ծանր զգացումն էր:

– Ինչպե՞ս չդիմացար, Ափրո ,– ասաց քեռի Նահապետը՝ խոր հառաչելով,– ուրիշներին կապրեցներ՝ ինք չապրավ... Երթա՜նք, երթանք դուրս: Նորայր...

Միասին դուրս եկանք, երկար քայլեցինք խնձորենիների՝ գետնին թափված տերևների վրայով, ապա նստեցինք քսան տարի առաջ քեռի Նահապետի շինած պարսպի տակ, չորացած տերևներին, արևի դիմաց: Արագածից մռնչյունով ցած էր իջնում պաղ քամին ու բեկվում էր մեր թիկունքում՝ պարսպին կպչելով:

Հետո վեր կացանք, դանդաղ քայլելով գնացինք հանրային այգիների կողմը: Քեռի Նահապետը խոսում էր ամեն տեսակ կողմնակի բաների մասին, որ մոռացնել տա ինձ հորս կորուստը, բայց ես տեսնում էի, որ նա ինքը չի կարողանում ազատվել այդ ծանր զգացումից: Գյուղի ներքևի ամբողջ քարքարոտ տարածությունը հիմա ծառերով էր պատած, մեծ մասը խնձորի ու ծիրանի ծառեր: Խնձորենիների կարմիր-գորշավուն, ծիրանիների մուգ կարմիր տերևները խշշում էին մեր ոտքերի տակ, հեռվում երևում էին Մասիսներն ու Հայկական պարի լեռները, օդը պարզ էր, զգացվում էր ձմռան շունչը: Երբեմն որևէ ծառի մոտ կանգ էր առնում քեռի Նահապետը, նայում էր.

– Արտամետի տեսակն ի, էն կտերի շիվից ի, որ քավոր Հակոբն էր ուղարկեր, մեծացան, պատրուսեցի, տե՛ս, ինչ ծառեր են... Էս մեկն էլ դեղին բուրավետ ի, էն մեկ՝ կանաչ ձմեռուկ ի, ճյուղքից քաղելու օրից մի տարի կապրի...

Այգում հանդիպեցինք միջին տարիքի մի մարդու.

– Բարով, սանահեր Նահապետ,– բարևեց նա քեռուն և ձեռքը պարզեց ինձ,– բարով տեսանք, Նորայր...

Դեմքը ծանոթ էր, բայց չէի հիշում:

– Չե՞ս ճանչնա, Նորայր, քավոր Վրեժն ի, քավոր Մովսեսի տղա Վրեժն ի...

– Բա՛րն, բա՛րն...

Ուզեցի հարցնել քավոր Մովսեսի առողջությունը, բայց վախեցա սխալվել: Յոթ տարուց ավելի էր, որ Արագածի լանջին ընկած այս գյուղում չէի եղել: Ո՛վ է ողջ, ո՛վ մեռած՝ չգիտեի, իսկ Մովսեսը չէ՞ որ ծեր էր:

– Իրիկուն՝ երթանք քավոր Մովսեսի մոտ,– ասաց քեռի Նահապետը,– քեզի որ տիսնա, շատ կուրախնա...

– Իսկ ինչպե՞ս է առողջությունը:

– Շնորհակալ ենք, լավ է,– պատասխանեց Վրեժը:

– Քանի՞ տարեկան եղավ:

– Տեր-Ղուկասովի կռվուն, կըսե, քանիհինգ տարեկան էր, ինչքան կէղնի: Մեծ կոտորածին լե կըսե, քառասունից անցեր էր...

– Մոտ իննսուն, իննսուներկու տարեկան կլինի,– ասացի ես:

– Աստված տա հարիր թամամի,– ասաց քեռի Նահապետը:

– Շնորհակալ ենք, սանահեր Նահապետ, քըզի լե աստված երկար կյանք տա,– մաղթեց Վրեժը:

– Ապրե՛ս, քավոր Վրեժ...

Նստեցինք մի թմբի:

– Արևկող ի, խոնավություն չունի,– ասաց քեռի Նահապետը:

Գրպանից հանեց թութունի տոպրակը, պարզեց քավոր Վրեժին: Փաթաթեցին: Սկսեցին ծխել: Վրեժը հարցնում էր, թե ինչ երկրներում եմ եղել, ինչ փորձություններ եմ տեսել: Հետո հաշվեց, թե իրենց գյուղից քանի հոգի չեն վերադարձել: Զոհվածների թիվը չորս տասնյակից անցնում է, քանքանիհինգ հոգի էլ վերադարձել են, մեծ մասը վիրավորված, տասնչորս հոգուց էլ նամակ գալիս է, բայց իրենք դեռ չեն վերադառնում:

– Երեսուներկու զոհվածներ իմ սանիկներն են,– ասաց քեռի Նահապետը՝ մտքում երկար հաշիվներ անելուց հետո,– նրանց ծնվելու օրերին իրենց դռներին խնձոր եմ տնկեր: Հիմի ամեն մեկի անունի հետ էդ խնձորներն են մնացել նրանց հիշատակ...

– Լավ հիշատակ է, խոսք չկա,– ասաց Վրեժը:

Այդ երիտասարդներին ես չէի հիշում: Պատանեկությանս օրերից իմ հիշողության մեջ մնացել էին այս գյուղի ծերերն ու հասուն տղամարդիկ:

– Ինչպե՞ս է ապրում Կռապաշտ Նիոն,– հարցրի ես՝ վախենալով, որ կարող են բացասական պատասխան տալ:

Այդպես էլ եղավ:

– Վախճանվեց,– հառաչանքով ասաց քեռի Նահապեաը,– մեծ տղեն էլ զոհվեց հայրենիքի համար, անուն Մարտիրոս էր, կհիշե՞ս: Ժիրայրի ու Ծովինարի ծնվելու օրերին Մարտիրոսին էլ աղջիկ ծնվեց, անուն Շուշիկ դրին: Հիմի Շուշիկ մեր հարսն ի, կսպասի Ժիրայրին... Նիոյի փոքր տղեն վերադարձավ պատերազմից, բայց երկու ոտով գնացեր էր, մի ոտով տուն եկավ: Դարձյալ մխիթարություն էր խեղճ Վարսոյի համար...

Ի՞նչ եղան նախագահ Ղուկասը, կոմբջիջ Հարությունը: Քեռի Նահապետը չսպասեց հարցի: Սկսեց պատմել ինձ ծանոթ ու անծանոթ ընտանիքների ճակատագրերի մասին: Ղուկասը հիմա էլ կոլտնտեսության նախագահն է, արդեն տասն հինգ տարի եղավ:

– Բայց խեղճի երկու տղեն էլ զոհվեր են հայրենիքի համար...

«Կոմբջիջ» Հարությունը հիմա շրջգործկոմ ի նախագահն է:

– Էն էլ անբախտ մարդ ի: Առաջին, երկրորդ կնիկներ մեռան: Աղջիկ կարգվավ: Հիմի ինք, ճիշտ ի, մեծ պաշտոնյա ի, բայց մենակ ի մնացեր: Վատ բան ի մենակություն...

Երկար էինք նստել այգում, պետք էր տուն գնալ:

– Համեցեք երթանք մեր տուն, սանահեր Նահապետ,– հրավիրեց Վրեժը:

– Իրիկուն կուգանք,– ասաց քեռիս:

Այդ րոպեին վազելով մեր կողմն էր գալիս Ծովինարը: Դեմքը կարմրել էր, աչքերի մեջ երջանկության ճառագայթներ կային: Պարզ էր, որ բարի լուր է բերել:

– Ասա, Ծովինար, ասա, իմ խորոտ աղջիկ,– ձայն տրվեց քեռի Նահապետը:

– Հեռագիր է եկել Ժիրայրից, հայրի՛կ, Ժիրայրը գալիս է,– կանչեց Ծովինարը:

Ես տեսա, թե ինչպես կրակներ կայծկլտացին քեռի Նահապետի աչքերում, ինչպես սկսեց դողալ նա ամբողջ մարմնով:

– Ապրե՛ս, Ծովինա՛ր, ապրես... Բեր քո հեր քո ճակատ պագի, բեր քո աչքեր պագեմ, որ էսպես ուրախցեր են, քո գլուխ պագեմ, որ էդպես խելոք ի...

Համբուրեց Ծովինարի գլուխը, ճակատը, աչքերը:

– Դե հիմի հեռագիր կարդա լսենք:

Ծովինարը կարդաց:

– Здоров скоро буду дома обнимаю вас всех целую...

– Ի՞նչ ի կասի՞,– հարցրեց քեռին: Թարգմանեցինք: Շոյեց

բեղերը, դստեր ձեռքից Վերցրեց հեռագիրը։ Երկար ու հետաքրքրությամբ զննում էր։ Խնամքով ծալեց, գրեց գրպանը...

– Երթանք մեր տուն, քավոր Վրեժ, քո սանամեր Նուբարին ու սանահոր քուր Անթառամին աչքալուս կասես։ Դու գնա տուն, Ծովինար, մենք հիմի կուգանք...

Ճանապարհին ծոցից հանեց հեռագիրը, պարզեց ինձ։

– Մեկ էլ կարդա, Նորայրիկ, և թարգմանի, որ խոսքեր լավ հիշեմ...

Կարդացի, թարգմանեցի։

– Առողջ եմ, շուտով կլինեմ տանը, բոլորիդ գրկում ու համբուրում եմ...

– Ապրե՛ս, Ժիրայր, և դու էլ ապրե՛ս, Նորա՛յր։ Ապրին ու զորանան գրողն էլ, կարդացողն էլ...

Տունը լիքն էր հարևաններով։ Քիչ հետո ամբողջ գյուղը թափվեց եկավ աչքալուսանք տալու։ Կանայք լաց էին լինում, փեշերով սրբելով իրենց արտասուքները, տարեկից տղաներն ու աղջիկները բարձր խոսում, ծիծաղում էին, ծերունիները փառք էին տալիս աստծուն, որ այդքան բարեհոգի է, պահել պահպանել Ժիրայրի կյանքը։ Նուբարն իր ու Անթառամի արանքում, թախտի վրա նստեցրել էր Կռապաշտ Նիոյի թոռան՝ Շուշիկին ու անընդհատ գրկում, համբուրում էր նրան։

– Քո բախտն ի, հարսո ջան, իմ սիվտակ, հովտաց շուշան հարսիկ...

Աղջիկները ներս էին գալիս, գրկում ու համ բուրում էին Շուշիկին, հետո Ծովինարին, ապա մեծերին «աչքդ լույս» ասում։

– Ժիրայր մենակ ձեր ուրախություն չէ, խնամի վոշիկներ,– ասում էր այրիացած Վարսոն,– Ժիրայր բոլոր գեղականի ուրախությունն է։ Իմ ազիզ փեսեն որ կա, էլեկտրական լույս է, ճրագի պես մենակ իր տակ լույս չի տա, լույս կիտա բոլորին... Ա՛խ, ինչ ասեմ քըզի, հիմի պիտի Կռապաշտ Նիոն սաղ էղներ, որ քեֆ էներ, դուք ի՞նչ քեֆ էնող իք... Աղջիկնե՛ր, ձեր ծամեր փետիմ, հորի՞ խաղ չըսէք, էլ ո՞ր օրվա համար կպահիք ձեր ձէն...

Մինչև ուշ երեկո գալիս գնում էին գյուղացիները, շնորհավորում քեռի Նահապետին ու Նուբարին:

Կոլտնտեսության նախագահ Ղուկասը եկավ ու գարնանը ծնած մի գառ բերեց, որ մորթեն Ժիրայրի վերադարձի օրը:

Տեսնելով ծերունի Ավոյին՝ Ղուկասը կատակեց.

– Քեռի Ավո, բավական է, մաուզեր բեր տուր, պահեր իս հողի մեջ, կփտի, ափսոս է...

– Թե որ էղներ, հիմի փտեր էր,– պատասխանեց խնուցի Ավոն,– քաներկու տարի առաջ ըսի, որ չկա: Հիմի էլ պարտավոր իմ «չկա» ըսիմ...

Լողները ծիծաղեցին, աչքով արին իրար:

– Քարի պես պինդ իս, քեռի Ավո...

– Քարն ինչ է: Անձրևներ ու քամին զքար կմաշին...

Ավելի մեծ ծիծաղ պոռթկաց:

Ղուկասն էլ էր սպիտակել, նիհարել, բայց հայացքն առաջվա պես կենդանի էր, աչքերը՝ առաջվա պես խաղացկուն: Երբ բոլորը ցրվեցին, և մնացինք մենք, քեռի Նահապետը մի անգամ էլ ծոցից հանեց հեռագիրը:

– Նորայր, դարձյալ կարդա, տես ո՞րտեղից ի հեռագիր ավեր, և թվական ո՞րն ի...

Իսկապես, ուրախությունից մոռացել էինք նայել, թե որտեղից և ե՞րբ է հեռագիրը հաղորդվել:

– Այսօր է Ժիրայրը հեռագիր տվել Կրասնովոդսկ քաղաքից...

– Այսօ՞ր: Իսկ էդ քաղաք որտե՞ղ ի, հեռո՞ւ ի, մոտի՞կ ի...

– Կասպից ծովի ափին է, այնտեղից նավով կգա Բաքու, Բաքվից էլ՝ գնացքով այստեղ...

– Ինչքա՞ն կքաշի:

– Երեք, շատ-շատ՝ չորս օր:

– Ի՞նչ կասի: Ճշմարի՞տ: Քո սուրբ բերնին մեռնեմ, Նորայր...

Ետ առավ հեռագիրը, խնամքով, երկյուղածությամբ ծալեց, ինչպես հին հմայիլ, ու կրկին դրեց ծոցը:

Երեք օր հետո Ժիրայրը եկավ: Ամբողջ գյուղը, մի գիրկ դառած, իր մեջ առավ նրան: Տեր, ջահել, երեխա, կին, տղամարդ, գալիս էին տեսության ու գրկում, համբուրում էին: Իսկ իրենից կրտսերներին ինքն էր գրկում, աջ ձեռքով սեղմում էր նրանց իր կրծքին ու ամուր համբուրում էր ամեն մեկին: Ես առաջին րոպեից հասկացա, թե ինչո՛ւ շինելը գցել է ուսերին, չի հագել, ինչո՛ւ թևերը դատարկ են: Ձախ ձեռքը կորցրել էր, բայց մինչև այդ օրը թաքցրել էր ծնողներից: Նամակներում միշտ գրում էր, թե վերքը լավանում է: Ճիշտ է, բուժումը երկար տևեց, բայց լավանում է: Նույնիսկ ես, որ շատ բաներ էի տեսել, ցնցվեցի այդ դաժան նորությունից: Ժիրայրը, այդ քսաներկու տարեկան, գեղեցիկ, ցոլակն տղան պետք է որևէ պակաս ու թերի բան չունենար իր վրա: Քեռի Նահապետն ու Նուբարն ամենից ուշ տեսան այդ բանը: Քեռակին Նուբարն ուշաթափվեց: Նահապետը գլուխը կորցրեց: Ջուր էին ցանում Նուբարի դեմքին, տրորում էին քունքերը:

– Նուբար, արթնցի, Նուբար,– ձայն էր տալիս Նահապետը խեղճացած: Աստիճանաբար Նուբարն աչքերը բացեց: Նահապետը մի ձեռքով Ժիրայրին ու Ծովինարին գրկած՝ չոքել էր նրա առաջ:

– Աստծուց զանգատավոր մի էլնի: Նուբար,– խոսում էր Նահապետը,– Ժիրայր քեզի կնայի, տես, Ժիրայրին խնայի...

– Մայրի՛կ, մայրի՛կ, ախար ես չե՛մ մեռել, մայրիկ ջան: Ես կենդանի եմ, եկել եմ, ինչո՞ւ չես ուրախանում...

Վարսոն մեկ բարկանում, մեկ կատակի էր տալիս:

– Քոռ բուվ չի՛ս դու, վոշիկ խնամի Նուբար, քըզի կսիմ բոլ է, իմ փեսի սիրտ մի կոտրե, թե չէ իմ Ժիրայրին տնփեսա կտանիմ ու չթողնիմ, որ գաս տեսնիս... Բա իմ ու Շուշիկի ջան քա՞ր է, որ էս վեց ամիս է լսեր ինք ու կդիմանանք...

– Բավական է, մայրիկ,– կրկնում էր Ժիրայրը:

Գրկեց մորը, բարձրացրեց ոտքի:

– Դուրս գնանք, մայրիկ: Դռանը հավաքվել են քեզ աչքալուսանք աւելու, դուրս գնանք...

Ու աջ ձեռքով մորը գրկած, դուրս տարավ: Դռան առաջ սեղան էր դրված, վրան հաց ու գինի:

– Աչքդ լուս, քավոր Նահապետ:

– Աչքդ ի լուս, քավորկին Նուբար:

– Նահապե՛տ...

– Նուբա՛ր...

Հուզված աջ ու ձախ էին նայում Նահապետն ու Նուբարը: Իսկ բազմությունը նայում էր առնականացած, ամրացած Ժիրայրին, որ քսաներկու տարեկան պատանի լինելով, երեսնամյա, եփված, փորձված տղամարդու տեսք ուներ:

Նույն այդ երեկոյան որոշվեց՝ մի շաբաթ հետո Ժիրայրի հարսանիքն անել: Քեռի Նահապետն ասում էր, թե լավ է լուռ ու մունջ հարսը տուն բերել, ժողովուրդը սգվոր է, Ափրոյի մեռնելու տարին էլ դեռ չի լրացել, անհարմար է: Եկել էր նաև քավոր Մովսեսը, որ ծերությունից ցամաքել էր արդեն: Նրա թուլացած ուսերն իրենց վրա փոքրիկ գլուխն արդեն պահել չէին կարողանում: Գլուխն օրորվում էր, աչքերը հազիվ պսպղում էին մթնած խոռոչների մեջ:

– Աշխարհի սուգ լե կեղեհ, հարսնիք լե, քավոր Նահապետ, մեր կամք չէ,– ասաց նա ծերունական ձայնով,– լուս իջնի Ափրոյի հոգուն, Ափրոն ուրախություն կսիրեր, սուգ չէր սիրե: Հարսնիք էնինք, թող ձեն երթա հասնի Ափրոյին, գերեզմանի մեջ սիրտ ուրխնա...

– Ճշմարիտ կասի քավոր Մովսես,– համաձայնեց մայրս,– թող Ափրոն հարսանիքի ձեն լսի, իմանա, որ տղերք ողջ-առողջ վերադարձեր են: Նորայրին էլ դեռ պիտի հարսնիք անենք...

– Թող քավոր Մովսեսի ու Անթառամի կամք էլնի,– համաձայնեց քեռի Նահապետը,– ճիշտ կասեք, Ափրոն ուրախություն կսիրեր...

Հարսանիքն արինք բոլոր ավանդական ծեսերով,

հիշելով Սասունի ու Արտամետի հարսանեկան բոլոր արարողությունները: Մայրս բոլորին ստիպեց պարել, ինքն էլ ծափ ու «շաբաշ» էր տալիս: Բայց հարսանիքի երկրորդ օրը, երբ բոլորը ցրվեցին, ու մենք պառկեցինք քնելու, նա վերմակը քաշել էր գլխին ու լաց էր լինում, կարծելով, թե ես չեմ նկատում...

Քեռի Նահապետը երկու խնձորենի տնկեց իր պարտեզում Ժիրայրի ու Շուշիկի համար և երկու խնձորենի էլ գյուղի բարձրադիր թաղում, ուր երկու տղա երեխա էին ծնվել:

– Կասեն պատերազմներից ու կոտորածներից հետո միշտ տղաներ ավելի շատ կծնվեն,– ամենայն լրջությամբ ասում էր նա ու ավելացնում:

– Եվ բնական ի, և ուրախալի ի, որ այդպես ի...

Ինքն էր տնկիների համար փոսեր փորում, ինքն էր առաջին օրը ջրում ու մի անգամ էլ շնորհավորելով ծնողներին, վերադառնում էր տուն՝ աշխարհից ու մարդկանցից գոհ:

Հարսանիքից հետո հանկարծ անկողին ընկավ վախեցնելով բոլորիս:

– Ի՞նչ պատահեց, քեզի, Նահապետ,– տագնապով հարցնում էր Նուբարը:

– Էդ ի՞նչ փորձանք էր, իմ աղա, իմ փաշա ախպեր,– արձագանքում էր մայրս:

– Չեմ գիտե,– մրմնջում էր քեռիս,– գուցե շատ ուրախցանք, աստված բարկացավ: Որ կկոտորվենք, չի բարկանա, որ կուրախանանք՝ կբարկանա, կպատժի...

Ես ու Ժիրայրը բժիշկ բերեցինք: Բժիշկը քննեց ու որոշեց տեղափոխել հիվանդանոց:

Նուբարն ու մայրս չոքերին խփելով, ախ ու վախ էին անում: Կռապաշտ Վարսոն բարկանում էր.

– Բոլ է, վախկոտ վռշիկներ, իմ խնամուն բան լե չէղնի, արդար է իմ խնամի Նահապետ...

ԺԳ

... Մի շաբաթ շարունակ բոլորս տագնապի մեջ էինք քեռի Նահապետի համար: Նրա հնարավոր մահը վաղահաս ու անժամանակ էր թվում մեզ, չնայած արդեն մոտենում էր իր կյանքի ութ տասնամյակին: Ճմլվում էր մանավանդ Ժիրայրի հոգին: Գիշեր-ցերեկ քուն չուներ, մի ոտը տանն էր, մեկը՝ հիվանդանոցում: Գալիս, նստում էր հոր մահճակալի մոտ, միակ ձեռքով հոր ճակատից ետ էր տալիս ծխելուց դեղնած մազերը, ստուգում էր զարկերակը, նայում էր աչքերի փայլին:

– Մի վախեցի, Ժիրայր, մատաղ էլնիմ իմ տղին,– շշնջում էր քեռի Նահապետը,– տե՛ս, Նորայր չի վախնա, Նորայր կտրիճ ի, սիրտ պինդ ի...

– Չեմ վախենում, հայրիկ,– ասում էր Ժիրայրը,– միայն խնդրում եմ, գոնե քիչ ծխես, ախար չի՛ կարելի: Բժիշկն ասում է, որ թոքերդ սևացել են, շնչել չեն կարողանում, չի կարելի, հայրիկ ջան...

– Հայրիկ մատաղ էլնի քեզի,– կրկին շշնջում էր քեռի Նահապետը,– Նորայր, դո՞ւ էլ բան ու գործ թողիր ես իմ պատճառով, իմ հոգին դուրս գա ձեզի համար...

– Մեր մասին դու մի մտածիր, քեռի,– ասում էի ես,– քո մասին մտածիր...

– Չէ, ձեր կյանքն ի կարևոր, իմ կյանք ես ապրա, անցավ: Լավ թե վատ, ես ապրա,– ասում էր նա,– բայց, իհարկե, ձեզնից չեմ թաքցնի, դեռ կուզեմ մի քիչ էլ մնամ այս աշխարհ, տեսնեմ ձեզի, ձեր ժառանգներ: Ուրիշ նպատակ չունեմ: Դու էլ կարգվես, Նորայրիկ, Անթառամ ուրախանա, բարի լուր զանգի ձենի պես երթա հասնի Ափրոյի սուրբ հոգուն... Մի երկու տարի էլ մնամ ձեզ հետ, բավական ի: Հետո կերթամ Ափրոյի մոտ, կպատմեմ եղելություն...

Արդեն ապաքինվում էր: Ես ու Ժիրայրն էլ ուրախ խոսելով, ծիծաղելով, ամեն օր իրիկնադեմին գյուղ էինք վերադառնում, որ հետևյալ օրը դարձյալ գանք շրջանային կենտրոնի հիվանդանոցը՝ քեռի Նահապետի մոտ: Ամբողջ գյուղը հետաքրքրվում էր նրա վիճակով, մեր միջոցով բարևներ ու բարի մաղթանքներ էին ուղարկում նրան: Երբ այդ բոլորը հայտնում էինք իրեն, դեմքը լուսավորվում, տրամադրությունը բացվում էր:

– Ինչպես մաքուր եկեր եմ աշխարհք,– ասում էր մեզ,– էնպես էլ մաքուր խղճով պիտի երթամ, հավուր դատաստանին մեղք չեմ ունենա հոգուս վրա: Բայց ափսո՜ս, որ կյանք շուտ ի անցողական...

Մտածում, մտածում ու ավելացնում էր.

– Բարի գործեր կատարելու համար մարդուն տրված կյանք կարճ ի, չար գործերի համար՝ երկար ի: Ուրեմն աստված ինչպե՞ս պիտի կարգագրի, որ արդար էլնի...

Անվերջ խոսում, դատողություններ էր անում ու ծխում էր, ծխում և հազում էր, ամբողջ մարմնով ցնցվելով, խեղդվելով: Սենյակում մենակ ինքն էր և լուսամուտներն էլ հաճախ բացում էինք, բայց էլի ծխի ամպեր էին կանգնած լինում իր գլխավերևում:

Բուժող բժիշկը, ինքն էլ մոլի ծխող, բարկանում էր, սպառնում թութուն ու ծխախոտ չթողնել մոտը, բայց խղճահարվելով՝ կրկին վերադարձնում էր. «Միրտս կնվաղի, չեմ դիմանա,– ասում է ամեն անգամ աղաչանքով,– բացատրում էր մեզ բժիշկը,– այնքան խղճալի է դառնում այդ րոպեներին, որ մեղքս գալիս է»:

Մի օր էլ առավոտյան, բժիշկն ուրախ դիմավորեց մեզ հիվանդանոցի մուտքի մոտ.

– Նորություն ասեմ ձեզ. համաձայնեց ծխելը թողնել...

– Ինչպե՞ս եղավ,– հարցրի ես:

Նույն հարցը կար նաև Ժիրայրի հայացքում:

– Գնանք իմ սենյակը պատմեմ...

...Երեկոյան բժիշկը երկար նստած է մնում քեռի Նահապետի մահճակալի մոտ, լսում է նրա պատմությունները Արտամետի այգիների, Վանա ծովի, իրենց երկրի օդի ու ջրի մասին, կռիվների ու կոտորածների, հայդուկների քաջության ու քաջերի նահատակության մասին: Նա հուզմունքով պատմում է, և բժիշկն էլ հուզմունքով լսում ու հարցեր է տալիս:

Բժիշկը մնում է նրա սենյակում մինչև կես գիշեր և երբ վեր է կենում, որ հրաժեշտ տա, քեռի Նահապետը խնդրում է՝ մի րոպե սպասի:

– Կուզեմ, որ ճշմարիտ ասես ընձի, բժիշկ: Ես պիտի ապրե՞մ, թե պիտի մեռնեմ:

– Չեմ կարող ճշգրիտ ասել,– պատասխանում է բժիշկը,– չեմ իմանում:

– Որ բժիշկ չիմանա, ո՞վ պիտի իմանա...

– Դու պիտի իմանաս, հայրիկ,– ասում է բժիշկը:

– Ես ինչպե՞ս իմանամ:

– Եթե ուզենաս, կապրես, չուզենաս՝ չես ապրի:

– Այդպե՞ս ի:

– Այդպես է, հայրիկ: Իսկ ինչո՞ւ ես այդքան ուզում ապրել, հայրիկ, չէ՞ որ արդեն յոթանասունյոթ տարեկան ես...

– Շա՞տ ի:

– Քիչ չի:

– Բայց կուզեմ ապրեմ, որովհետև նպատակ ունեմ,– ասում է քեռի Նահապետը:

– Ո՞րն է նպատակդ, հայրիկ, հետաքրքրական է ինձ համար:

– Իմ նպատա՞կ:

– Այո:

– Կուզեմ իմ տոհմ տեսնամ... Իմ աչքով տեսնամ, համոզվեմ, որ իմ գերդաստան կմեծնա, կաճի, կբազմանա... Շատ բան չեմ խնդրե քեզնից, բժիշկ, երկու-իրեք տարվա կյանք բավական ի: Երկու-իրեք տարվա կյանք: Էդքանի արժանի չե՞մ...

Բժիշկը հուզվում է այդպիսի խոսակցությունից.

– Արժանի ես, հայրիկ, արժանի ես հարյուր տարի ապրելու:

– Հարիր շատ ի: Աստված ազահության համար

կբարկանա: Երկու-իրեք տարին բավական ի: Ութ անգամ տաս տարի կելնի:

– Շատ լավ,– ասում է բժիշկը,– արի որոշենք:

– Ինչպե՞ս որոշենք,– հարցնում է հիվանդը:

– Ուզում ե՞ս տեսնել ինչպես է տոհմդ մեծանո՞ւմ:

– Այո:

– Շա՞տ ես ուզում:

– Ուրիշ նպատակ և ուխտ չունեմ:

– Այդ դեպքում պիտի կատարես իմ մի հրամանը, խոսք տալի՞ս ես,– ասում է բժիշկը եթե աչդ հրամանս կատարես, կապրես:

– Երդում կենեմ, պարտական կըլնեմ...

– Այդ դեպքում, հայրիկ, պիտի ծխելը թողնես: Եթե ծխես կմեռնես, եթե չծխես՝ կապրես:

Նահապետ քեռին երկար մտածում է, ապա վերմակի տակից հանում է թութունի տոպրակն ու ծխախոտը, հանձնում է բժշկին:

– Երդում՝ երդում ի...

Ու այդպես, քեռի Նահապետը ծխելը թողել էր: Դա այնպիսի նորություն էր, որ թվում էր անհավատալի ու անհավանական:

– Հիմա հանգիստ քնած է,– ասաց բժիշկը,– սպասենք մինչև արթնանա, միասին գնանք մոտը:

Ժիրայրը ուրախացած ու զարմացած նայում էր ինձ, ես նրան: Չգիտեմ ինչու, ծխելը թողնելու լուրը համազոր էր նրան, թե ամեն վտանգ հեռացել է քեռի Նահապետից, և նա մահվան շեմից վերադառնում է կյանք:

Ես տեսնում էի, թե ինչպես ազատ է շնչում Ժիրայրը: Հայացքն ինչպես պայծառացավ, ինչ սիրով է նայում ազահությամբ իր ծխախոտի ծուխը կուլ տվող բժշկին:

Երկու ժամ հետո բժշկի հետ միասին, բարձրացանք քեռի Նահապետի մոտ:

– Նորայր, Ժիրայր, եկա՞ք,– հարցրեց մեզ մի քիչ ընկճված,– ինչպե՞ս են Անթառամ, Նուբար, լա՞վ են:

Ծովինար, հարս Շուշիկ՝ լա՞վ են... Քավոր Մովսես լա՞վ ի: Երազ եմ տեսեր քավորոջ վրեն...

Մենք հավաստիացրինք, որ բոլորն էլ լավ են, իր վերադարձին են սպասում:

– Է, որ կսպասեն, վերադառնամ...

Քեռի Նահապետին մեքենայով բերինք տուն: Մի շաբաթ էլ տանը պառկեց: Բաժակ-բաժակի ետևից թեյ էր խմում, անվերջ խոսում էր, հիշում հին-հին դեպքեր, ամեն գիշեր երազներ էր տեսնում ու ոչինչ չէր մոռանում իր տեսած երազներից, պատմում էր բոլոր մանրամասնություններով:

– Էս գիշեր երազին Ափրոյին տեսա: Իր հետ բերեր էր Սերոբին, Հայրոյին, առջնեկ Ժիրայրին ու Հրայրին, Գնորգին, Անդրանիկին, Մանուշակին, Մուրադին, Սոսեին, Ջեյրանին: Եկեր էր ու կկանչեր ընձի, կասեր՝ Նահապետ, բավական ի, արի մեր մոտ: Շատ աղաչեց, պաղատեց: Կուզամ, ասի, Ափրո, պիտի գամ, բայց Նուբարին, նոր Ժիրայրին ու Ծովինարին ինչպե՞ս թողնեմ գամ, Անթառամ, Նորայր ի՞նչ կասեն... Ասի՝ շուտ ի, Ափրո, դեռ համբերեք, այստեղ դեռ նպատակ ունեմ... Զարմանալի բան ի, Ափրոն կխոսեր, մյուսներ լուռ կմնային...

Մի օր էլ երեկոյան բոլորիս կանչեց իր մոտ, խնդրեց նստենք: Նստեցինք շուրջը: Թզբեհ էր քաշում ու մտածում ասելիքը: Վերջապես խոսեց:

– Ձեզի հավաքեր եմ, որ խորհուրդ անենք, Նորայրի հարց որոշենք: Նորայր պիտի մեր կամք կատարի: Իրավունք չունի մեզի հակառակ երթա Նորայր: Ի՞նչ կասես, Անթառամ: Որ Նորայր մեր խոնարհ խնդիրք չկատարի, ես իրավունք չունե՞մ հրաման տամ Նորայրին:

– Իրավունք ունես, իմ պատվական ախպեր, Նորայր քո ծառեն ի: Ափրոյի տղեն ի Նորայրը, իմ զավակն ի, ուրեմն՝ քո խոսք պիտի հրաման ու օրենք էլնի Նորայրի համար:

– Դո՞ւ ինչ կասես, Նորայր...

– Ասա, սիրելի քեռի, ինչ որ ցանկանաս, կկատարվի,– ասացի ես:

– Կկատարվի՞:

– Այո՛:

– Շատ կխնդրեմ և կիրամայեմ քեզի, որ կարգվես, Նորայր: Ուրիշ խնդիրք չունեմ:

– Շատ լավ, սիրելի քեռի:

– Ե՞րբ պիտի կատարես:

– Շուտով, շուտով...

– Բայց ես պիտի իմանամ թե երբ: Ես քո համար պիտի իմ ձեռքով խնձոր տնկեմ: Շուտ պիտի կատարես իմ ցանկություն, թե չէ կմեռնեմ, չեմ տեսնա, քո խիղճ քեզի կտանջի: Եվ վերջապես, էն աշխարհ որ երթամ, ի՞նչ ասեմ Ափրոյին: Շուտ պիտի անես, ես երկու-իրեք տարու ժամանակ ունեմ:

– Ինչո՞ւ երկու-երեք տարի,– հարցրեց մայրս:

– Որոշված ի, Անթառամ, ուխտ ի, Նուբարին պատմեր եմ...

Տանջվում, տառապում էր ծխելը թողնելուց, անընդհատ խոսում էր, առանց միջոց տալու ուտելու, խմելու բաներ չէր ուզում և զղջում էր, որ նեղություն է տալիս հարազատներին:

– Իմ հոգին դուրս գա, Նուբար, շատ կչարչրվես,– ասում էր կնոջը, ապա դիմում մորս,– Անթառամ, փլերի մոտի մեր պստիկ այգին քո մի՞տն ի: Կհիշե՞ս, որ ճյուղք ջարդվեց, դու ընկար փլի տակ, քո ծոց լիք խնձոր: Որ ես չգայիք հող կթափեր քո վրեն, կմնայիր էնտեղ: Երեկ գիշեր էդ դեպք տեսա երազի մեջ: Դու էն ժամանակվա պստիկ աղջիկն էիր, ես էլ նոր բեղեր բուսած տղա, դեռ աշխարհք չէինք գտեր և չէինք կորցուցեր: Քո ճակատեն արուն կուզար, գրկեցի քեզի, բերեցի տունք կհիշե՞ս, Անթառամ

Ասում էր, խոսում, մի կողմից մյուսի վրա էր շուռ գալիս, մեկին սառը ջրի էր ուղարկում, մյուսին՝ նուռ կամ խնձոր բերելու, մեկ Ժիրայրին ու Շուշիկին էր կանչում, նստեցնում իր կողքին ու երկար նայում էր նրանց, զննում:

– Իմ հարս խորոտ ի, այնպես չի՞, Անթառամ...

– Խորոտ ի մեր հարս, Նահապետ ջան, խորոտ ի, հնազանդ ի, խոնարհ ի,– պատասխանում էր մայրս:

– Նուբարի հավնածն ի...

Այդ խոսքերից շփոթվում, կարմրում էր հարս Շուշիկը:

– Իսկ Ժիրայրի ճակատ, աչքեր մեր մեծ ախպեր Սերոբի ճակտին ու աչքերին նման չի՞, Անթառամ: Լավ քննի՝ կտիսնա՞ս: Կհիշե՞ս, Անթառամ, որ սասնա Գևորգի նահատակվելուց հետո Սերոբ գիշեր եկավ տուն, ինչպես կուլար...

– Կհիշեմ, շատ լավ կհիշեմ, մատաղ էլնեմ իմ ախպոր...

Մենք հասկանում էինք, որ ճիգեր է գործ դնում հաղթելու ծխելու պահանջին: Վաթսուն տարի ծխել էր, հաճախ զօր ու գիշեր, բոլոր դժբախտությունների տարիներին, բոլոր ուրախությունների օրերին և հիմա թողել էր մի երկու տարի ապրելու համար: Ու տանջվում էր, և ոչ մի ակնարկ չէր անում այդ մասին: Մենք էլ չհասկանալու էինք տալիս: Երբեմն դուրս էինք գնում, որ մենակ մնա քեռակին Նուբարի հետ: Տեսնում ու հասկանում էինք, որ երբեմն ուզում են մենակ մնալ իրար հետ: Ու հետո հարցնում էինք, թե՝ ի՞նչ էր ասում :

Քեռակինը պատմում էր․

– Կասի՝ Նուբար, հավատով խոստովանի, ընձնե զանզատ չունե՞ս: Գուցե մի բան մոռացիր եմ, մի բան թերացիր եմ, ասա, որ իմանամ, հիշեմ, խոստովանեմ, մեղք չմնա հոգուս վրա: Կասեմ՝ էդպես բաներ մի խոսի, Նահապետ, ոչ մի բան չես մոռցեր, չես թերացեր: Կասեմ մոխիր էլ դառնանք, ես ու դու, էլի իրարու կտաքացնենք, կայծեր կպահենք մեր մեջ իրարու համար: Կասի՝ շնորհակալ եմ, Նուբար, որ այդպես մաքուր հոգի ունես: Նահապետ ինչքան կհալիվորնա, էնքան կծռի, կքաղցրնա... Բայց ինչ անենք, խեղճ ի, կվառվի առանց թութունի:

– Վնաս չունի,– ասում էր մայրս,– ուխտ ի արեր, թող ուխտ չխախտի, մեղք ի...

Արդեն երկու շաբաթը լրանում էր, որ չէր ծխում: Բեղերն

ու ճակատին թափվող մազերը սպիտակում էին, ազատվելով թութունի ծխի դեղնությունից: Դեմքին գույն էր գալիս:

Այցելողներին խնդրում էինք, որ նրա ներկայությամբ չծխեն: Այդ պատճառով էլ նրանք գալիս, մի քիչ նստում էին ու շուտ գնում: Մի անգամ միայն քեռի Նահապետը հիշեց ծխելու մասին: Եկել էր նրա մոտ քավոր Մովսեսը: Կես ժամ էլ նստեց կողքին, ինչ-որ պատճառ գտնելով՝ գնաց:

– Քավոր Մովսես չդիմացավ,– ասաց նա ժպտալով,– չդիմացավ գնաց, որ ծխի...

Մենք չլսելու տվինք նրա այդ խոսքը: Լռեց: Քիչ հետո ավելացրեց.

– Բայց, միննույն ի, ես ուխտ եմ արեր, իմ ուխտ չեմ խախտի...

Գյուղում ոչ ոք չէր հավատում, թե Նահապետը կկարողանա ծխելը թողնել: Պատերի տակ արևկող անելով հաշվում էին, թե վաթսուն-վաթսունհինգ տարում քանի փութ թութուն կծխի մի մարդը, այն էլ Նահապետի պես ծխող մարդը, որի մականունը մի ժամանակ, «թունդիր Նահապետ» էին դրել, երբ նոր էր եկել հաստատվել Արագածի լանջի այս գյուղում:

– Չէ՛, ես չեմ հավատա, չկրնա,– ասում էր մեկը:

– Ես լէ,– համաձայնում էր երկրորդը:

– Կամքից է,– միջամտում էր մի ուրիշը:

– Էդպես կամք ես չտեսեր իմ,– առարկում էր առաջին թերահավատը:

Մի օր էլ այդպես վիճելիս են լինում նրանք: Ու հանկարծ տեսնում են, որ քեռի Նահապետը Ժիրայրի ու ինձ հետ գալիս է գյուղամեջ: Քեռիս ոտքի էր կանգնել արդեն, ես ու Ժիրայրը որոշել էինք նրան մարդկանց մեջ տանել, որ մի քիչ տրամադրությունը բացվի: Մեզ տեսնելով, առաջին թերահավատը, որին գյուղում ճանաչում էին Չար Էֆենդի անունով, որովհետև սիրում էր «կպչողական» խոսք ասել մարդկանց և խոսելիս էլ սիրում էր թուրքերեն «էֆենդըմա սոյլեիմ» արտահայտությամբ սկսել իր պատմությունները, պայմանավորվում է զրուցակիցների հետ, թե հիմի կփորձի Նահապետի կամքը:

– Ամոթ է, էֆենդի,– ասում են նրան: Իսկ նա համառում է, ուզում է հաստատել, որ չկա այնպիսի կամք, որ ծխող մարդուն օգնի ծխելը թողնելու:

Մենք մոտեցանք, բարևեցինք: Խոնարհությամբ պատասխանեցին մեր բարևին, հարցրին քեռի Նահապետի առողջությունը:

– Դուք բոլորով որ լավ էլնիք, ես կապրեմ,– ասաց քեռիս,– դուք երիտասարդ եք, ավելի պետքական եք, պահեք ձեզի...

Չար էֆենդին մոտեցավ, ձեռք տվեց: Բոլորից ավելի հարգալիր նա էր խոսում քեռի Նահապետի հետ, հետաքրքրվում էր նրա առողջական վիճակով, ավելի կարեկից ցույց տալով իրեն, քան մյուսները: Նստոտեցին պատի տակ: Նա նստեց ուղիղ քեռի Նահապետի կողքին ու հանեց ծխախոտի տուփը, բացեց ուղիղ քեռի Նահապետի աչքերի առաջ: Քեռի Նահապետը նկատեց մեր հուզմունքը, հանգիստ ժպիտով նայեց մեզ ու շշնջաց.

– Հանգիստ եղեք...

Ու ձեռքը պարզեց այդ մարդու թութունի տուփին.

– Կարելի՞ ի, Սմբա՛տ...

Պատի տակ հավաքվածները վախեցած իրար նայեցին: Կարծես մի վատ բան, մի դժբախտություն պիտի կատարվեր:

Նա տուփը պարզեց քեռի Նահապետին:

– Հալբաթ որ կարելի է:

Քեռի Նահապետը տուփը վերցրեց նրա ձեռքից, բացեց: Հոտ քաշեց թութունից ու շշնջաց:

– Ուջանի դեղին, պատվական թութուն ի...

Ու դանդաղ, անշտապ փաթաթեց մի ծզարա, լեզվով բարակ թուղթը թրջեց, եզրերը միացրեց: Գեղեցիկ գլանակը պատրաստ էր արդեն:

Բոլորս շունչներս պահած՝ սպասում էինք:

Քեռի Նահապետը նայեց իր փաթաթած ծզարային, ժպտաց ու պարզեց թութունի տիրոջը.

– Հրամեցեք, ծխի, էֆենդի,– ժպտաց ու ավելացրեց,– Լավ չէ, որ չար սիրտ ունիս, Սմբա՛տ...

Չար էֆենդին շփոթվեց: Բոլորն ազատ շունչ քաշեցին: Մեկը՝ մի ջլապինդ գյուղացի, որ ինչպես իմացա, խնուցի Ավոյի տղան էր՝ սպառնալի դեմքով դիմեց Չար էֆենդուն.

– Շո՛ւտ հեռացի էստեղեն, թե չէ քու քիթ ու մռութ կջարդիմ...

Չար էֆենդին լուռ, համր, սողալով հեռացավ:

Դա առաջին կռիվն էր մարդկանց մեջ, որ ես տեսա Արագածի լանջի այն գյուղում: Եվ վերջինը եղավ:

Այդ օրվանից հետո քեռի Նահապետը եթե նստում էր զրույցի գյուղամիջում, օդաներում, և եթե նրա հարևանները հանում էին ծխախոտի տուփերը, վերցնում, հոտոտում էր թութունը, ծզարա էր փաթաթում ու հրամցնում տիրոջը.

– Հրամեցեք, ծխի...

Դա դարձել էր սովորություն ու հաճույք նրա համար: Երբ հարցնում էին, թե ինչպե՞ս ծխելը թողեց, ինչպե՞ս է դիմանում, ինչպե՞ս է դիմադրում ծխելու պահանջին, կարճ պատասխան էր տալիս:

– Ուխտ եմ արեր, նպատակ ունեմ...

ՎԱԽՃԱՆ

... Մութն արդեն գրկում էր լեռներն ու ձորերը, երբ մենք թավ անտառից ամառանոցային քաղաքի մեր հյուրանոցը հասանք: Արբել էինք մաքուր օդից, լեռնային զեփյուռի ալիքները շնչելուց: Ներս մտանք մեր սենյակն ու մեկնվեցինք մահճակալներին:

Երկար ժամանակ լուռ մտորում էինք երկուսս էլ:

– Գիտե՞ս ինչ, Նորայր,– սկսեց ընկերս,– քո պատկերացրած մարդիկ ու նրանց աշխարհին անծանոթ են ինձ, անծանոթ են ինձ նրանց բարքերն ու բարբառները, նրանց կենցաղն ու հարաբերությունները: Ես ծնվել ու մեծացել եմ Բաքվում և քիչ եմ տեսել ու լսել Արևմտյան Հայաստանից գաղթած հայերի: Միայն կարդացել եմ և այն էլ շատ քիչ բան, բայց քո այսօրվա պատմածը հուզեց ինձ: Իրական վեպ է դա, վիպացած իրականություն՝ ինչպես դու ես ասում, միևնույն է, հուզում է ինձ, և ես զգում եմ, որ դու դեռ չես ավարտել այն: Պատմիր խնդրում եմ, ի՞նչ եղավ հետո, պատմիր վեպիդ վախճանը...

Ես վեր կացա, լվացվեցի, բացեցի սենյակի լուսամուտները, հանգցրի էլեկտրական լույսը: Արևելյան լուսամուտից ներս ընկավ կիսալուսինը, երևացին դիմացի անտառապատ լեռնալանջերը՝ կաթնագույն լույսով ողողված: Երկար կանգնած մնացի լուսամուտի առաջ, մտացրիվ նայելով հստակ երկնքով խաղաղ լողացող լուսնին, լեռների ուրվագծերին: Նայում էի այդ պատկերներին ու տեսնում էի քեռի Նահապետի ծերացած, բայց հավատավորի ջերմեռանդ դեմքը ու լսում էի նրա վերջին շշունջները...

...Ես եկա Երևան: Աշխատանքի ընդունվեցի պետական համալսարանում, բնակարան ստացա, մորս բերի ինձ մոտ, հետո ամուսնացա: Այդ ամենը կատարվեց մի տարվա ընթացքում: Մորս ու հարսնացուիս հետ գնացինք Արագածի լանջի այն գյուղը, քեռի Նահապետին ու քեռակին Նուբարին ներկայանալու: Նրանք ջերմ հավանություն տվին: Քեռի Նահապետը հարցրեց կնոջս անունը:

– Անունս Գայանե է,– պատասխանեց կինս:

– Լավ անուն ի, սուրբ կույսի անուն ի,– գոհ, ժպտալով ասաց քեռի Նահապետն ու դեմքը շրջեց մորս կողմը,– մեր աչքն ի լույս, Անթառամ, էս հարսն էլ խորոտ ի...

– Ես շատ գոհ եմ իմ հարսեն, – ասաց մայրս,– մանավանդ որ Նորայր սրտով սիրեր ի...

– Նորայրի սիրտ ճշմարիտ սիրտ ի, չի սխալվի,– ասաց քեռի Նահապետը:

– Իսկ իմ սիրտը չի՞ սխալվի,– հարցրեց Գայանեն՝ չարաճճի ժպտալով:

Քեռի Նահապետն ու Նուբարը զարմացած նայեցին նրան: Քեռին ուրախացած նկատեց.

– Իմ Գայանե հարսիկ համարձակ ի...

– Էդպես լավ ի,– ավելացրեց քեռակին Նուբարը:

Մի քանի օր մնացինք գյուղում: Ժիրայրի ու Շուշիկի հետ զբոսնում էինք խնձորի այգիներում, բարձրանում էինք գյուղի վերևի ժայռերի կողմը: Ժիրայրն ու Շուշիկը սիրում էին իրար, փայփայում էին միմյանց, չքաշվելով իմ ու Գայանեի ներկայությունից: Ժիրայրն ընտրվել էր կոմերիտմիության շրջկոմի քարտուղար: Իր հասակի համար՝ շատ լուրջ էր բնավորությունը, քիչ էր խոսում, բայց դեմքին, աչքերի մեջ ժպիտ կար: Վախենում էր հոր առողջության համար, աշխատանիքից ամեն օր տուն էր գալիս, վազելով ու գտնելով քեռի Նահապետին՝ հարցնում էր.

– Ինչպե՞ս ես այսօր, հայրիկ...

– Ապրես, Ժիրայր, լավ եմ,– պատասխանում էր հայրը,– շատ մի անհանգստացի, տղա, դու քո գործին նայի...

Երբեմն այցելության էր գալիս մեր բարեկամ բժիշկը: Դեղատոմս էր գրում թե չէ, Ժիրայրը վերցնում ու թռչում էր դուրս: Եթե շրջանային կենտրոնի դեղատանը չէր լինում, սլանում էր Երևան ու շնչակտուր վերադառնում էր.

– Բերեցի դեղդ, սիրելի հայրիկ...

– Աշխարհիքին սիրելի էնես դու, իմ պատվական զավակ,– հուզված ասում էր քեռի Նահապետը ու, մորս դիմելով, ավելացնում էր,– Ժիրայրի բնություն Նուբարինն ի...

Քեռու ու նրա կնոջ օրհնությունն առնելով՝ վերադարձանք Երևան: Մեզ ճամփա դնելիս քեռի Նահապետը համբուրեց ինձ, ապա Գայանեի գլուխն ու ճակատը:

– Լուս իջնի Ափրոյի հոգուն, լուր կհասնի նրան և հող իր վրեն կթեթևնա...

Վերադարձանք Երևան: Աշխատանք, հոգսեր, երազներ, ծրագրեր: Օրերը թռչում էին, ամիսները սուրալով անցնում: Միայն մայրս էր ձանձրանում ու ամեն անգամ, երկու-երեք շաբաթը մեկ, դիմում էր մեզ խնդրելով:

– Նորայր, Գայանե, կասեմ՝ երթամ Նահապետի ու Նուբարի կողմ, տեսնեմ, ի՞նչ կանեն...

Ու գնում, մեկ-երկու շաբաթից վերադառնում էր առատ տեղեկություններով.

– Շուշիկ երկու հոգով ի... Ծովինար աղջիկ ի բերե... Ժիրայրի պաշտոն բարձրացեր ի, կասեն հիմա կուսակցական ղեկավար ի... Քավոր Մովսես ծանր հիվանդ ի... Նահապետ շատ լավ երազ էր տեսեր քո և Գայանեի վրեն, կասեր պիտի մանչ ունենան, ուրախացեր էր... Նուբար նմանապես կկարծի, որ պիտի մանչ ունենանք...

Վերադառնալուց հետո դեռ ամիսը չլրացած, կրկին գնում էր եղբոր մոտ, շաբաթներ հետո Վերադառնում էր, որ դարձյալ ասի.

– Նորայր ջան, Նահապետ մեզի կսպասի...

Ամիսներով գյուղ չգնաց մայրս միայն այն ժամանակ, երբ իմացավ, որ Գայանեն հղի է:

– Իմ հարսին մենակ չեմ թողնի,– ասում էր,– Ժիրայրին կամ Ծովինարին նամակ գրեք, թող Նահապետին հայտնեն... Շատ կուրախանա...

Ամբողջ ձմեռվա ընթացքում ինձ կամ Գայանեին ստիպում էր նամակներ գրել մեկ Ժիրայրին, մեկ Ծովինարին: Ժիրայրը հիմա աշխատում էր կուսակցական շրջկոմում և մեկ-երկու ամիսը մի անգամ քաղաք էր գալիս: Ինչքա՜ն հարցուփորձ էր անում մայրս, ստիպում էր իր բոլոր հարցերին պատասխանել, ժամերով ուշացնում էր:

Գարնանը գյուղից հեռագիր ստացանք, որ Շուշիկը տղա է ունեցել: Մի քանի օր հետո՝ Գայանեին էլ հիվանդանոց տարանք: Մենք էլ աղջիկ ունեցանք: Նոր էր տուն վերադարձել Գայանեն՝ մեր նորածին դստեր հետ, որ Արագածի լանջի այն գյուղից Ժիրայրը հեռախոսով հայտնեց, թե քեռի Նահապետը մեզ բոլորիս կանչում է թոռան անվանակոչությանը։

Մեր դստեր բարուրը գրկած, մորս հետ մեքենայով սլացանք գյուղ։ Ներկայացանք քեռի Նահապետին։ Հիվանդացել, դարձյալ անկողին էր ընկել։ Համբուրեց Գայանեի գլուխը, իմ աչքերը։

– Վնա՛ս չունի, Նորայր ջան, մի տխրեք, աղջիկն էլ լավ ի, հետո էլ տղա կէլնի...

Մեր աղջկան ու Ժիրայրի տղային իրար կողքի էինք դնում։ Նման էին իրար։

– Կասես ջնիկ էլնեն,– ասում էր քեռակին Նուբարն ու, համբուրում էր մեկ Գայանեին, մեկ Շուշիկին։ Ժիրայրի տղայի անունը դրինք Նահապետ, իմ աղջկա անունը՝ Անթառամ։ Անուններն առաջարկողը Ժիրայրը եղավ։

– Է՜, Նահապետ լա՞վ անուն ի,– հարցնում էր քեռի Նահապետը։

– Ամենալավ անունն է, հայրիկ,– ասում էր Ժիրայրը։

– Ճշմարի՞տ կասես, Ժիրայր։

– Ճշմարիտ է, սիրելի հայրիկ...

– Ապրե՛ս, Ժիրա՛յր, ապրե՛ս։ Քո սրտեն էտա սեր ու բարություն անպակաս էլնեն հավիտենից հավիտյան...

Քեռի Նահապետի ձայնը դողաց, աչքերում արտասուքի շիթեր շողացին, շուրթերը դողդոջ շշնջացին։

– Աշխարհքեն է՛լ ուրիշ խնդիրք չունեմ։ Իմ նպատակ կատարվեց։ Հիմա ժամանակն ի, որ երթամ՝ Ափրոյին պատմեմ...

– Հայրի՜կ,– ձայն տվեց Ժիրայրը,– Ի՞նչ բաներ ես ասում, հայրիկ...

Քեռի Նահապետը սառը ժպտաց։

– Դու հանգիստ մնա, Ժիրայր։ Ինչ որ կասեմ, բնական ի, բնության օրենք ի։ Մոտեցեք ընձի, կխնդրեմ...

Բոլորս մոտեցանք։

– Հիմի խնդրեմ, որ լսեք իմ պատվիրանք,– շարունակեց նա,– եթե կուզեք իմ հիշատակ հարգեք՝ իմ պատվիրանքներ պիտի կատարեք: Կխնդրեմ, որ ոչ մեկդ լաց չէլնեք, երբ որ ես վախճանվեմ: Ես չեմ մեռնի, ես մոմի պես վառվա և հիմա կսպառվեմ, կվախճանվեմ... Ոչ մեկդ լաց չէլնեք: Շատ ենք լացեր, բավական ի, թող լացից չկուրանանք: Լույս լավ վառեք, որ բոլորիդ տիսնամ...

Ավելի մեծ մոմանոց լամպ վառեցինք: Քեռի Նահապետը շշնջաց.

– Լավ ի, լույս պայծառ ի...

Լուրն արդեն տարածվել էր գյուղում, որ Նահապետը մեռնում է: Հավաքվել էին նրա տան առաջ տղամարդ ու կին, ծեր ու ջահել: Լուռ, ցածրաձայն խոսում էին: Մեկն ու մեկը երբեմն աննկատ ներս էր մտնում, ականջ էր դնում մեռնողի խոսքերին ու, աննկատ դուրս գալով, լսածը ցածրաձայն հաղորդում էր մյուսներին:

– Թող մոտենան ընձի հարսներն ու Ծովինար,– ասաց քեռի Նահապետը:

Ծովինարը, Շուշիկն ու Գայանեն մոտեցան:

Հերթով ձեռքը դնում էր գլուխներին ու արտասանում էր անունները:

– Ծովինարն ի, Շուշանիկն ի, Գայանեն ի... Ձեզի կմաղթեմ, որ ծլեք, ծաղկեք, զորանաք, շատ քաղցր պտուղներ տաք: Խնձորի ծառ էլնեք, արևից տաքություն առնեք, հողից սնունդ ու ջուր: Ու երբեք չչորանաք: Կմաղթեմ, որ մեր գերդաստան բազմացնեք, մայր Հայաստանի դառնաք: Մնաք բարով...

Ապա կանչեց ինձ ու Ժիրայրին: Երկուսով չոքեցինք նրա մահճակալի առջև, գլուխներս խոնարհելով նրա հայացքի տակ:

– Ձեր խելք ու գաղափար իմնից շատ ի,– ասաց մեզ,– ձեզի ի՞նչ պիտի ասեմ: Կցանկանամ՝ որ դուք և ձեր զավակներ էլ պատերազմ ու կոտորած չտիսնաք, խաղաղության մեջ ապրեք, կյանք բուրումնավետ պարտեզ էլնի ձեր համար և սեր ու համերաշխություն անպակաս էլնեն ձեր սրտերեն: Եվ կցանկանամ, որ ժուկով, ժամանակով արժանանաք ձեր հայրերի երկրին, տիսնաք մեր Վանա ծով ու մեր Սիփանա սար, մեր Արծկե ու Արտամետ, մեր Վարագ ու Ախթամար...

Մայրս այդ խոսքերի վրա չկարողացավ զսպել իր հառաչանքը: Քեռի Նահապետը հիմա էլ նրան ու քեռակին Նուբարին կանչեց իր մոտ:

– Նուբար,– ավելի նվաղող ձայնով արտասանեց կնոջ անունը,– ների ընձի, Նուբար, որ պիտի երթամ: Մենակ չես մնա դու: Շնորհակալ եմ, Նուբար: Ես չոր ծառ էի, դու եկար տաք անձրևի ու գարնան արևի պես, կյանք տվիր ընձի, իմ ճյուղքեր ծաղկեցին: Շնորհակալ եմ... Հիմի իմ գերդաստան ու իմ տոհմ քեզի կհանձնեմ, Նուբար: Եվ դրա համար իմ հոգին հանգիստ ի: Մնաս բարով: Եվ դու էլ մնաս բարով, Անթառամ, իմ քաղցր քույրիկ, անթառամ ծաղիկ: Ափրոյին բարև կանեմ քո ու Նուբարի, Նորայրի ու Ժիրայրի, Ծովինարի ու հարսների, պստիկ Նահապետի ու պստիկ Անթառամի կողմից, կասեմ մի տխրի, Ափրո, մեր գերդաստաններ չեն կորսվեր, մեր տոհմեր առավել կմեծանան...

Ես չէի հիշում, որ քեռի Նահապետը երբևէ այդպես երկար խոսեր և այդպիսի խոսքերով դիմեր հարազատներին...

Զարմանալի հանգիստ էր, հիշողությունը՝ հստակ, խոսքը՝ կապակցված, տրամաբանական: Դեմքին իջել էր խաղաղավետ, երանելի մի արտահայտություն: Ես չէի կարող երևակայել, թե մարդը կարող է այդպես հանգիստ մեռնել...

Ավարտելով իր պատվիրանները՝ նա աչքերը դանդաղ փակեց և հազիվ լսելի ձայնով ինչ-որ խոսքեր շշնջաց... Չհասկացանք: Տարակուսանքով նայեցինք իրար: Քեռակին Նուբարը շտապ դուրս եկավ ու շուտ վերադարձավ՝ թաշկինակի մեջ կարմիր խնձորներ: Նա էր միայն հասկացել, թե ինչ ասաց մեռնողը:

– Նահապետ Արտամետի խնձոր կուզի...

Խնձորները դրեց քեռի Նահապետի դեմքի աջ ու ձախ կողմերում, բարձերի վրա: Քեռի Նահապետը կամաց, հանդարտիկ, աչքերը բացեց, մշուշոտ հայացքով ժպտաց ու այս անգամ բոլորիս համար լսելի, բառերը պարզ արտասանելով, ասաց.

– Երկրի հոտ կառնեմ...

Այդ երեք բառը նրա վերջին խոսքերն էին: Երանության արտահայտությունը դեմքին՝ կոպերը փակվեցին:

Տիրեց ծանր լռություն: Լսվեց ինչ-որ մեկի հեծկլտոցը:

Ժիրայրը ետ դարձավ, կշտամբանքով լի հայացքով որոնեց, թե ով էր հոր նվիրական պատվիրանը խախտել:

Լուսամուտները բացեցինք: Դրսում գարուն էր: Ներս խուժեց ծաղկած խնձորենիների բույրը:

... Պայծառ, արևոտ օր էր: Քեռի Նահապետի դագաղը դրել էինք պարտեզում, իր ձեռքով տնկված խնձորենիների տակ:

Ծաղկած ճյուղքերը խոնարհվել էին նրա դեմքին:

Գնալով ստվարանում էր բազմությունը: Ծերերն ու տարեկիցները, գլուխները խոնարհած՝ կանգնել էին դագաղի շուրջը, ջահել տղաներն ու աղջիկները, պատանիներն ու երեխաները գալիս էին՝ ամեն մեկի ձեռքին խնձորենու ծաղկած մի ճյուղք:

Այդ ճյուղքերը նրանք պոկել էին այն խնձորենիներից, որ տնկել էր Նահապետը նրանց ծննդյան օրերին՝ ամեն մեկի տան առջև: Ժիրայրն ու Շուշիկը, Ծովինարն ու Անդրանիկը, որ սասունցի Միրոյի թոռն էր, կանգնել էին քեռի Նահապետի գլխի աջ ու ձախ կողմերում, ձեռքերին՝ իրենց խնձորենիների ծաղկած ճյուղերն ու գրկերին իրենց երեխաները: Մինչև դագաղը վերցնելու ժամը եկան մի քանի հարյուր ջահել, պատանի ու դեռ թոթովել չիմացող մանուկներ՝ մի ձեռքով մայրերի ձեռքից, մյուսով խնձորենու ծաղկած ճյուղեր բռնած: Նրանց մեջ կային զորացրված զինվորներ, պետական պաշտոնյաներ, ուսուցիչներ, գյուղատնտեսներ, այգեպաններ, որ եկել էին շրջանային կենտրոնից ու մայրաքաղաքից:

Շատերը գալիս էին, իրենց զավակների հետ, և հոր ու մոր և որդիների ձեռքերին՝ խնձորենու ծաղկած ճյուղեր:

Բոլորը, բոլորը արտասմետցի այգեպան Նահապետի սանիկներն էին, մի ամբողջ գունդ, մի քանի սերունդ:

– Երնե՛կ ամեն մարդ էդպես ապրեր ու էդպես մեռներ,– ասաց հարյուրամյա քավոր Մովսեսը, դողդոջուն, ծերունական ձայնով:

– Երնե՛կ քըզի, երանելի Նահապետ,– ավելացրեց խնուսցի Ավոն:

– Ինչ որ ուներ՝ թողեց երկրի վրա,– ավելացրեց ծերունի Մովսեսը,– իր հետ երկինք տարավ մենակ իր մաքուր, արդար հոգին...

Թափորը Նահապետի տնից ձգվում էր դեպի գերեզմանոց: Պայծառ օր էր, երկնքից լույս ու ջերմություն էր թափվում երկրի վրա: Թվում էր, թե հսկայական, ծաղկած մի այգի է շարժվում տեղից՝ տարածվելու ամբողջ աշխարհով մեկ...

www.ingramcontent.com/pod-product-compliance
Lightning Source LLC
Chambersburg PA
CBHW030531020726
47494CB00004B/1310
* 9 7 8 1 6 0 4 4 4 8 1 8 4 *